Diana Zenz
Alfred Zenz

ENTFALTE DEINE
Persönlichkeit

Mit der Kraft
der Bäume und
der Pflanzendüfte
zu dir selbst
finden

nymphenburger

Inhalt

DIE NATUR ALS WEGBEGLEITER ZU DIR SELBST

- 6 Tief im Herzen berührt durch den Kontakt zur Natur
- 8 Natur beginnt bei dir Selbst
- 10 Komme in den Flow
- 12 Was die Naturwissenschaft bereits weiß
- 14 Blumen gegen Stress
- 16 Ganz natürlich Du sein
- 19 Eine Reise zu dir selbst
- 21 Die Natur als Coach, der Wald als Therapeut

WER BIN ICH? WEGE ZUR SELBSTERKENNTNIS

- 24 Wer bin ich, wenn ich ganz „ich selbst" bin?
- 26 Die Rolle deines Lebens
- 30 Entdecke deine Lebensvision
- 32 Die Ikigai-Parabel: Eine japanische Geschichte
- 35 Was ist dir wichtig im Leben?
- 40 Deine Gefühle und Gedanken
- 42 Entdecke dein Potenzial – Deine Talente und Fähigkeiten
- 44 Was liebst du?
- 46 Was stärkt dich?
- 48 Was willst du im Leben erreichen?
- 52 Blockaden aus dem Weg räumen
- 56 Sich in der Natur selbst erkennen – Medizinwanderung

65 BEWUSSTSEIN FÜR MENSCH UND NATUR

- 66 Das Wunder des Lebens erkennen
- 68 Gesetze der Veränderung
- 71 Glücksfaktoren für ein erfülltes Leben
- 73 Düfte und wie du mit ihnen glücklich wirst
- 76 Werde achtsam mithilfe der Natur
- 78 Wie wirklich ist die Wirklichkeit?
- 80 Wie du deine Sinne schulst
- 85 Die Begegnung mit dem Pflanzengeist eines Baumes
- 87 Die drei Geheimnisse für eine ganzheitliche Naturerfahrung
- 93 Deine Duftvorliebe zeigt dir, wo du stehst
- 95 Mit Düften die Seele berühren
- 97 Wie Düfte mit dir kommunizieren
- 99 Entfache unbändige Lebenskraft
- 100 Mithilfe der Chakren im Leben weiterkommen

105 DEIN KÖRPER – TEMPEL DEINER SEELE

- 106 Tritt in Austausch mit deinem Körper
- 108 So spürst du deinen Körper
- 110 Mit Selbstmassagen Körper, Geist und Seele in Einklang bringen
- 112 So stellst du dein Körperöl her
- 114 Die 7-Tage-Selbstmassage-Challenge
- 116 Bringe deine Energie zum Fließen mit Chakren-Duft-Yoga
- 121 Kreiere dir deinen individuellen Seelenduft
- 123 Öl-Parfüm im praktischen Roll-On für unterwegs
- 126 Ein gemütliches Zuhause schaffen
- 128 Mit Düften verschiedene Stimmungen schaffen
- 130 Was die Natur für dich tun kann
- 133 Finde deinen Kraftplatz in der Natur

- 136 Dank
- 138 Literaturverzeichnis
- 139 Weiterführende Quellen
- 140 Bezugsquellen
- 141 Impressum

In der Natur können wir auftanken und wieder in Kontakt mit unserer Seele kommen.

Die Natur als Wegbegleiter zu dir selbst

Die Natur ist immer für dich da. Mit all ihren sichtbaren wie unsichtbaren Geschöpfen und Lebewesen ist sie eine wertvolle Begleiterin auf der Reise zu dir selbst. Und sie ist sicherlich eine der größtmöglichen Ressourcen, wenn es darum geht, dein dir innewohnendes Potenzial zu leben und dabei ganz in deine Kraft und Größe zu kommen. In diesem Buch möchten wir dich einladen, dir ganz bewusst Bäume, Pflanzen oder Pflanzendüfte zu Hilfe zu nehmen, um dich besser kennenzulernen und das Leben zu leben, das deiner Natur entspricht.

TIEF IM HERZEN BERÜHRT
DURCH DEN KONTAKT ZUR NATUR

Es war einer dieser wunderschönen Urlaubstage, an die man sich nur zu gerne erinnert. Wir campierten wieder an unserem Lieblingsplatz in Kroatien am Meer. Direkt unter Mastixsträuchern, Steineichen, Myrthen und Wacholderbäumen, die uns in ihren unvergleichlichen »Urlaubsduft« einhüllten, hatten wir unser Campinglager aufgeschlagen. Als wir mit unserer Zeltnachbarin Caro ins Gespräch kamen und wir ihr erzählten, was wir beruflich machten, wollte sie unbedingt mehr darüber erfahren. Wir luden sie ein zu einem Spaziergang zu einer uralten, wunderschönen Pinie etwas außerhalb des Campingplatzes.
Caro war eine junge, neugierige Frau um die Mitte 20, die sich eine kleine Auszeit von ihrem Job als Sozialarbeiterin gönnte. Im Gespräch mit Caro kam heraus, dass sie sich momentan etwas orientierungslos fühlte, was ihren weiteren, beruflichen Lebensweg betraf, aber auch ihr Beziehungsleben. Sie fühlte sich verschlossen, unnahbar und haltlos. Ihr größter Wunsch war es, wieder in ihre Kraft und Mitte zu finden und sich wieder öffnen zu können für einen anderen Menschen. Sie klang insgesamt etwas bedrückt und machte einen suchenden, rastlosen Eindruck.

Wir marschierten mit ihr über einen steinigen Pfad zwischen wilden Steineichenwäldern hindurch. Als ich ihren Blick zu der alten Pinie hinlenkte, wurde sie von einem auf den anderen Moment still. Ohne viele Worte wiesen wir sie an, sie möge sich doch an den Baum lehnen, ihn spüren, die Kraft der Pinie, des Baumwesens auf sich wirken lassen. Und dann geschah etwas sehr Berührendes. Während Caro mit dem Rücken an den Baumstamm gelehnt dastand, begannen ihr plötzlich Tränen über die Wange zu laufen. Die ganze Last und Unruhe schienen von ihr abzufallen. Sie sank zusammen, saß jetzt am Boden, während sie sich weiter an den dicken Stamm schmiegte. Es war ein stiller, fast mystischer Anblick. Für einen Moment lang sah es sogar so aus, als würde sie eins werden mit dem Baum, voll und ganz von seinem Wesen umhüllt sein, wie ein Kind, das in die Arme seiner Mutter zurückge-

In jedem von uns steckt eine unbändige Urkraft.

funden hat. So saß sie für eine gefühlte Ewigkeit in Stille da. Als sie ihre Augen wieder aufmachte, kam sie langsam auf uns zu und sagte mit ruhiger Stimme: »*Das war gerade einer der schönsten Momente, die ich je erlebt habe. Es war, als ob mich etwas tief in meinem Herzen berührt hat. Ich fühlte mich so behütet, getragen, beschützt und geliebt. Ich habe auch das Gefühl, dass mein Herz das erste Mal seit Langem wieder offen ist, ich mich wieder spüren kann, meine Kraft spüren kann.*«

Die Berührung, die Caro hier mit dem Feld der Natur, in diesem speziellen Fall mit dem Baum, erfuhr, ließ etwas in ihr erwachen und veränderte sie nachhaltig. Indem sie sich für einen Moment lang ganz bewusst auf das Wesen des Baumes einließ, richtete sie sich auf die Kraft aus, die aller Schöpfung zugrunde liegt. Sie fand zurück zu sich selbst.

Wer den Weg zur Natur findet, findet den Weg zu sich selbst.

NATUR BEGINNT BEI DIR SELBST

Natur beginnt nicht erst »da draußen«, mit dem, was wir Wald, Bach, Berg oder See nennen. Wir Menschen vergessen allzu oft, dass wir keine Individuen sind, die getrennt von ihrer Umgebung leben. Ist es nicht so, dass sich jeder Mensch, und sei er noch so materialistisch und vernunftorientiert, letztendlich nach Verbindung, Nähe, Einssein mit etwas oder jemandem sehnt? Will nicht jeder die Allverbundenheit mit allem Leben erfahren und von dem Gefühl zehren, von etwas Größerem getragen, genährt und beschützt zu werden? Letztendlich geht es im Leben eines jeden Menschen darum zu lieben und ebenso geliebt zu werden.
Und genau dieses Gefühl suchen wir in und durch die Natur, oder besser gesagt, die Natur, die wir sind, die wir verkörpern, sucht nach der Anbindung nach dem großen Ganzen, wovon sie selbst ein Teil ist.
Das, was wir als unsere Natur bezeichnen können, ist das, was wir Bauchgefühl oder Intuition nennen. Es ist etwas, was tief in uns schlummert, was dem ältesten Teil unseres Gehirns, dem limbischen System, zugerechnet wird. Es entspringt dem gleichen Ort, an dem auch unsere Triebkräfte ihren Sitz haben – das Wilde, Animalische, Unzähmbare und Unbewusste, von dem wir tagtäglich geführt und geleitet werden – unsere Urnatur sozusagen. Und diese Urnatur weiß von der untrennbaren Verbindung mit der Natur »da draußen«. Sie ist das, was uns unsere sprühende Lebendigkeit verleiht, die sich jeder so sehr wünscht.

Wusstest du, dass Düfte direkt auf das lymbische System wirken? Mit natürlichen Pflanzendüften kannst du ganz gezielt deine Urnatur stärken und auch deine Emotionen positiv beeinflussen.

»Die Natur muss gefühlt werden.«
Alexander von Humboldt

KOMM IN DEN FLOW

Um diese unbändige Kraft und sprühende Lebendigkeit mit der Hilfe von der Natur für dich zu erfahren, musst du rein gar nichts wissen – du hast alles in dir, auch das »Wissen« ist längst vorhanden. Alles wirkt, tut und interagiert mit deiner Urnatur. Das Einzige, was du dafür brauchst, ist die Bereitschaft, dich auf dieses Kraftfeld Natur einzulassen, deinen Geist für das Nichtwissen zu öffnen und bereitwillig ins Fühlen zu gehen. Du wirst, so wie Caro bei der Pinie, dann nicht darum herumkommen, dass dich ein Baum, eine Pflanze oder ein besonderer Pflanzenduft auf einer Ebene berührt, die deinem Alltagsdenken völlig verborgen bleibt. In dem Moment, in dem du dich fallen lässt in diese emotionale Dimension der Landschaft, in die pure Lebendigkeit der Natur, geschieht so etwas wie ein Wieder-Erwecken deiner dir innewohnenden Lebendigkeit und es beginnt wieder zu fließen.

»Flowzustand« nennt man diesen besonderen Moment. Genau diesen Zustand versucht man bei Managern oder Führungspersönlichkeiten bei hochpreisigen Kreativseminaren wiederherzustellen. Paradoxerweise genau das, was uns unser ganzes Leben lang aberzogen wurde. Wenn du in den Flow kommst, was nichts anderes ist, als in Einklang mit der Natur zu sein, ist plötzlich wieder Raum für Ideen da, die Fantasie fließt, du spürst dich wieder, weißt plötzlich, was du willst, was du zu tun hast. Eine Kraft beginnt wieder durch dich zu wirken, die dir hilft, den Impulsen zu folgen und das zu leben, was du im Kern bist, schon immer warst, wofür du hier bist auf dieser Welt – dein ganz natürlich in dir angelegtes Wesenspotenzial.

»Der Atem der Bäume schenkt uns das Leben.«

Roswitha Bloch

Menschen, die ihr Wesenspotenzial leben oder auf dem Weg dorthin sind, sind nachweislich zufriedener, ausgeglichener, entspannter und damit insgesamt attraktiver. Sie leben tendenziell den Beruf, den sie lieben, vermögen erfüllte und glückliche Beziehungen zu führen und haben einen weitaus besseren Gesundheitsstatus als Menschen, die das nicht tun. Indem du zu dir selbst findest, gibst du dir automatisch die Erlaubnis, so sein zu dürfen wie du bist. Damit schaffst du Frieden – nicht nur in dir. Indem du dir selbst die Möglichkeit gibst, lebendiger zu werden, wird die Lebendigkeit um dich herum ganz automatisch zunehmen. Damit trägst du im Außen maßgeblich zu einem sauberen, friedvollen und von Leben durchdrungenen Planeten bei.

> Die Natur hilft,
> Frieden zu finden.

WAS DIE NATURWISSENSCHAFT BEREITS WEISS

Unsere Urnatur, unsere Intuition also, die Bereiche unseres Unterbewusstseins, reagiert sofort und unmittelbar auf die Kräfte der Natur. Du kennst es sicher aus deinen Urlauben oder Ausflügen in die Natur. Aber inzwischen gibt es auch schon zahlreiche wissenschaftliche Untersuchungen, die sich diesem unerklärlichen Phänomen der »Heilsamen Natur« gewidmet haben.

1984 erregte eine außergewöhnliche Krankenhaus-Studie die Aufmerksamkeit der Weltöffentlichkeit. Der Gesundheitswissenschaftler Roger Ulrich wies in einem Experiment nach, dass sich Patientinnen und Patienten, die nach einer Operation ein Zimmer mit Ausblick auf einen Baum hatten, schneller erholen als solche, die diesen Anblick nicht genießen konnten. Es war sogar so, dass die Personen in der »Baum-Gruppe« nach der Operation deutlich weniger Schmerzmittel benötigten als die Vergleichsgruppe ohne Baum-Aussicht. In zahlreichen weiteren Studien stellte Ulrich fest, dass die Erfahrung der Natur selbst dann Schmerzen zu lindern vermag, wenn sie nur über Filme, Fotos oder Tonband vermittelt wird. Die Studie war deshalb so aufsehenerregend, weil sie damit den Beweis lieferte, dass allein der Blick auf einen Baum eine heilsame Wirkung haben kann.

Doch entdeckte Roger Ulrich damit nichts Neues. Bereits seit Anfang der 1980er-Jahre besteht in Japan die Tradition des *Shinrin-yoku*, was so viel heißt wie »Waldbaden« bzw. auch gerne als »Einatmen der Wald-Atmosphäre« übersetzt wird. Shinrin-yoku ist eine in Japan offiziell anerkannte Methode zur Vorbeugung von Krankheiten sowie deren unterstützender Behandlung. Bereits seit den 80-er Jahren wird sie vom staatlichen Gesundheitswesen gefördert und an Japans medizinischen Universitäten und Kliniken erforscht und durchgeführt. Im Jahre 2012 wurde sogar ein eigener Forschungszweig mit dem Namen »Forest medicine« (Waldmedizin) gegründet. Im Kern kann man sagen, dass sie Folgendes herausgefunden und belegt haben: Waldluft ist wie ein Heiltrunk zum Einatmen.

Atmest du die Wald-Atmosphäre ein, kannst du ihre heilsame Wirkung erfahren.

Indem du Waldluft einatmest, atmest du einen Cocktail aus bioaktiven Substanzen ein, den sogenannten Terpenen, welche die Bäume aussenden. Diese Substanzen alleine bewirken in deinem Körper eine deutliche Stressreduktion (dein Cortisol- und Adrenalinspiegel im Blut sinkt) sowie eine erhöhte Abwehrkraft (dein Immunsystem wird in seiner gesamten Funktion gestärkt und aktiver). Ebenso vermag die Waldatmosphäre deinen Parasympathikus zu aktivieren, der auch als »Nerv der Ruhe« bezeichnet wird. Seine Aktivität dient der Regeneration, der Entspannung und dem Wiederaufbau körperlicher und geistiger Kraftquellen. Alleine der regelmäßige Aufenthalt in der Natur hilft somit gegen jegliche Art von Schlafstörungen. Es gibt zahlreiche Studien, die belegen, was für jeden Naturliebhaber ganz selbstverständlich ist: Der Aufenthalt im Wald ist nachweislich gesund, und zwar für den Körper sowie für die Seele.

BLUMEN GEGEN STRESS

So wie der Anblick eines Baumes alleine schon die Selbstheilungskräfte fördert, vermögen auch Blumen Unglaubliches in unserer Psyche zu bewirken. An der Kansas State Universität in den USA fanden Forscher heraus, dass allein der Anblick von rot blühenden Geranien emotionalen Stress bei Frauen deutlich reduziert. Ebenso wurde nachgewiesen, dass sowohl das Aussehen als auch der Duft von Lavendel bereits starke Entspannungszustände auslösen und Angstzustände zu lindern vermögen! Dabei konnte beobachtet werden, dass die Wirkung bei Frauen immer stärker ausfiel als bei den Männern. Aber die Männer kommen nicht zu kurz. Von der gleichen Universität stammt nämlich auch der Beweis, dass der Anblick von Blumen im Garten bei Männern angstlösend wirkt!

Und es ist nicht nur der Duft von Lavendel, der Menschen von einem auf den anderen Moment beruhigen kann. Pflanzendüfte in Form von ätherischen Ölen sind generell einer der stärksten und direktesten Helfer, wenn es darum geht, in andere Zustände – körperlich wie geistig – zu gelangen. Der Geruchssinn steht als unser ältester Sinn in direkter Verbindung mit dem Stammhirn und damit unserer Gefühls-Hauptschaltzentrale – dem limbischen System. Düfte vermögen somit, augenblicklich uralte Erinnerungen

Der Duft von Lavendel führt zu tiefen Entspannungszuständen und kann sogar Angstzustände lindern.

Hole dir sprudelnde Freude aus der Duftlampe

Mit dieser besonderen Mischung natürlicher ätherischer Öle holst du dir mehr Freude in dein Leben. Gib dazu die folgenden ätherischen Öle nacheinander in die Duftlampe.

- 3 Tropfen Grapefruit
- 3 Tropfen Mandarine
- 3 Tropfen Ho-Holz
- 1 Tropfen Vanille

Aufgepasst: Achte darauf, dass immer genug Wasser in deiner Duftlampe ist, damit die ätherischen Öle nicht in das Gefäß einbrennen. Verwende am besten biologische und natürliche ätherische Öle.

hervorzubringen und damit verbundene Gefühle auszulösen. Unangenehme Erlebnisse aus der Vergangenheit können mithilfe der Pflanzendüfte besser verarbeitet und integriert werden.

Forscher der Xiamen-Universität in China führten eine Studie durch, die die Wirkung ätherischer Öle auf die Psyche und die Gefühle des Menschen aufzeigte. Sie konnten nachweisen, dass ätherische Öle wie Lavendel, Zitrone und Bergamotte Stimmungsstörungen wie Stress, Angst und Depressionen lindern konnten. Durch die Inhalation der ätherischen Öle wurden Signale an das Riechsystem weitergeleitet, die das Gehirn angeregt haben, Serotonin und Dopamin zu produzieren, um somit die Stimmungsstörung zu regulieren. (Link zur Studie: https://www.ncbi.nlm.nih.gov/pubmed/23531112)

GANZ NATÜRLICH DU SEIN

Es ist ein vielfältiges Zusammenspiel unterschiedlichster Wirkfaktoren, die uns in der Natur bewegen, berühren und letztendlich auch hochwirksam dabei helfen, wieder in unsere Kraft und Mitte zu finden. Der größte Teil, der feinstoffliche Aspekt, wie eine beseelte Natur in Interaktion mit unserer menschlichen Natur tritt, ist und bleibt wahrscheinlich unerforscht.

Eines dieser beobachtbaren Phänomene ist beispielsweise, dass sich Menschen in und von der Natur einfach so geliebt und angenommen fühlen, wie sie sind. So höre ich beispielsweise von Teilnehmerinnen und Teilnehmern unserer Naturseminare in der Abschluss-Feedbackrunde sehr oft: »*Danke, dass ich hier so sein durfte, wie ich bin!*«
In der Natur gibt es nichts und niemanden, dem du irgendwie entsprechen müsstest. Der Wald, der Fluss, der Berg, der Adler, der am Himmel seine Kreise zieht, die Glockenblume auf der Wiese, sie alle interessieren sich nicht für deinen Gehaltszettel, dein Aussehen und deine Leistungen. Die Sonne schickt dir keine Stromrechnung dafür, dass sie dich wärmt und das Wasser aus dem Bergquellfluss ist gratis.

In der Psychologie wird dieser Begriff als »*Being Away-Effekt*« bezeichnet. Womit gemeint ist, dass man »*weg-von-einer-Welt*« ist, der man ständig entsprechen muss und dadurch kaum Zeit findet, zurück zu sich selbst zu finden. Das »*So-sein-dürfen-wie-man-ist*« stellt inzwischen eine der bekanntesten psychologischen Heilwirkungen des Aufenthalts in der Natur dar!

»*Das Geheimnis der Medizin besteht darin, den Patienten abzulenken, während die Natur sich selber hilft.*«

Voltaire

> Finde wieder in deine Kraft und deine Mitte.

Wir wissen jetzt, dass das Einatmen der Waldluft nachweislich gesund ist, dass alleine der Blick auf einen Baum unsere Selbstheilungskräfte zu aktivieren vermag und Naturaufenthalte sowie das Einatmen bestimmter Pflanzendüfte nachhaltige Entspannungs- und Glücksgefühle hervorrufen können. Und das ist nur ein kleiner Aspekt von dem, wie Natur auf Körper, Geist und Seele einwirkt. Was ist, wenn an sich schon wirkungsvolle Therapie- und Coachingmethoden mit diesem Wirkspektrum der Natur in Verbindung gebracht werden? Welche Ressourcen könnten dann mobilisiert werden? Was an gewünschter Veränderung wäre dann erst noch alles möglich?
In all meinen Jahren als Wahrnehmungstrainer und Naturcoach kann ich vor allem eines beobachten: Die Natur in ihrer Gesamtheit hilft in unglaublicher Direktheit, Kraft und Intensität dabei, durch persönliche Entwicklungsprozesse zu gehen. Mit dem, was das Einatmen der Waldluft im Körper bewirkt, in Verbindung mit dem Entspannungseffekt, dem Gefühl, »einfach sein« zu

Die Natur ist so etwas wie ein Super-Psychopharmakon, das neue Perspektiven für ein erfülltes Leben schafft.

dürfen und der tiefen Berührung auf der Herzebene, ist die Natur so etwas wie ein Super-Psychopharmakon. Und es wirkt, sobald du deinen Garten, den Park oder nahe gelegenen Wald betrittst oder auch nur liebevoll deine Zimmerpflanze gießt.

Natur- und Pflanzenenergien aller Art vermögen Blockaden und Ängste zu lösen, helfen neue Perspektiven zu gewinnen und setzen oft ungeahnte innere Ressourcen frei. Die einzigen Voraussetzungen dafür sind dein Wille zur Veränderung und die Bereitschaft, dich auf dieses Feld »Natur« einzulassen.

Was glaubst du, hat bei einer klassischen Therapiesitzung den größten Einfluss auf den Veränderungsprozess des Klienten? Ohne lange nachzudenken, sagen die meisten: »*Natürlich die Technik bzw. Methode.*« Überraschenderweise macht diese gerade einmal um die 15 % aus. Der mit Abstand größte Anteil, etwa 40 %, hängt jedoch vom persönlichen wie natürlichen Umfeld des Klienten mit all seinen Interaktionen und Wirkfaktoren ab. Für die Naturtherapie sowie für alle Berufe, die in irgendeiner Weise mit Mensch und Natur arbeiten, bedeutet das, dass die natürliche Umgebung, der Wald, der Garten, die Landschaft sowie die zwischenmenschlichen Interaktionen innerhalb einer Gruppe einen extrem wichtigen Einfluss auf das Geschehen haben, wenn nicht sogar die wesentlichsten Faktoren sind! Genau das dürfen wir nämlich staunend bei unseren Naturseminaren immer wieder beobachten: Menschen, die sich ganz bewusst für dieses Feld öffnen und dadurch unglaubliche Veränderungsprozesse durch und mit der Natur ausgelöst werden.

EINE REISE ZU DIR SELBST

Die Pflanze schenkt uns mit ihrem ätherischen Öl die Essenz ihres Wesens. Indem wir uns mit diesem Wesen beschäftigen, können wir herausfinden, welche Unterstützung der Duft dieser Pflanze uns und unserer Seele bietet. In dem ätherischen Öl der Pflanze vereinen sich hochpotenzierte Wirkstoffe und Energien, die die Pflanze aus ihrem Umfeld für ihr eigenes Wachstum aufgenommen hat. Pflanzen passen sich an den Standort und die klimatischen Bedingungen ihres Umfelds an. Ihre Überlebensstrategien können uns einen Hinweis auf die Wirkung geben, die sie auf uns Menschen hat: So müssen sich Pflanzen, die auf trockenen, kargen Böden wachsen, wie zum Beispiel der Rosmarin, durchsetzen und ihre Kräfte bündeln, um überleben zu können. Die Wirkung des ätherischen Rosmarinöls für uns Menschen geht in die gleiche Richtung. Er weckt in uns die versteckten Kräfte und unseren Kampfgeist. Mit dem Rosmarin können wir unsere Größe besser erkennen und uns in ihr zeigen.

Dieses Buch ist ein Begleiter für deine Reise zu dir selbst.

Ich (Diana) erlebe die Seelendüfte als starke Ressourcen für nachhaltige Entwicklungs- und Bewusstseinsprozesse. In meinen Seelenduft-Seminaren und -Workshops erlebe ich, wie die Teilnehmerinnen und Teilnehmer ganz intuitiv die für sie in dem Moment genau richtigen Pflanzenduftverbündeten auswählen und mit ihnen durch kraftvolle Veränderungsprozesse gehen, aus denen sie für ihren weiteren Weg gestärkt hervortreten.

Mich selbst begleiten die Seelendüfte sehr wirkungsvoll in meinem Leben als hochsensible und vielseitige Persönlichkeit. Ich komme beispielsweise immer wieder an einen Punkt, an dem ich merke, dass ich mich überfordere oder in meinen vielen Interessen verliere. Mein Seelenduft, unter anderem mit ätherischem Zypressenöl, Fichtennadelöl, Wacholderbeerenöl und Vetiveröl, hilft mir, mich zu fokussieren und meinen weiteren Seelenweg wieder klar zu sehen. Er hüllt mich in einen Mantel, der mich vor dem Zuviel an Umwelteinflüssen schützt.

Finde
deine Verbündeten
in der Natur.

DIE NATUR ALS COACH, DER WALD ALS THERAPEUT

Dieses Buch ist für offen gesinnte und an ihrer Weiterentwicklung interessierte Menschen, die sich selbst besser kennenlernen und ihr ureigenes Potenzial entfalten wollen. Das Buch soll dich dabei unterstützen, herauszufinden, was du wirklich willst im Leben und wie du dir dein Leben gestaltest, so dass es voll und ganz zu dir passt.
Mithilfe dieses Buches lernst du die Wirkung der Natur, der Pflanzen, der Bäume und der Düfte besser kennen, so dass du ihre Kräfte gezielt für dich und deine persönliche Entwicklung einsetzen kannst. Die Natur kann dich dabei unterstützen, ganz du selbst zu sein, deine Kräfte zu entfalten und ein glückliches und erfülltes Leben zu führen.
Nachdem du mit dem Buch gearbeitet hast, wirst du in der Lage sein, dir die passenden Baum-, Pflanzen- oder Duftverbündeten auszuwählen und sie gezielt für dich einzusetzen. Zahlreiche Meditationen, Übungen, Tipps, Duftrezepte und Pflanzenprofile helfen dir, die Erkenntnisse aus dem Buch in deine tägliche Praxis einzubauen. Wir geben dir spannende Erkenntnisse aus der Naturwissenschaft und viele Beispiele aus unserer Natur-Coachingpraxis mit auf den Weg.

Wir möchten dich einladen, das unermessliche Potenzial der Natur zu nutzen und dir deine Verbündeten und Helfer in deinen Alltag zu integrieren. Wir glauben daran, dass die Natur die größte, mögliche Kraftquelle ist, um sich seiner selbst, deiner eigenen Wesens-Natur bewusst zu werden. Ihr wohnt eine Magie und Lebendigkeit inne, welcher du dich nicht mehr zu entziehen vermagst, bist du, erst einmal damit in Kontakt gekommen. Und wenn das geschieht, beginnst du zu deiner eigenen Natur zu erwachen. Du beginnst, dein Wesenspotenzial zu entfalten und das Leben zu leben, wofür du hier bist auf diesem Planeten. Du beginnst, du selbst zu sein! Die Heilkraft der Natur besteht darin, dass sie uns wieder mit unserer eigenen göttlichen Quelle verbindet. Pflanzen haben diese tiefe Verbindung zum Urquell des Seins und so kannst auch du dich durch sie wieder mit deinem ureigenen Wesen verbinden.

Es ist an
der Zeit, dich
ganz zu zeigen.

Wer bin ich? Wege zur Selbsterkenntnis

Jeder Mensch möchte die beste Vision von sich selbst sein und leben. Jeder möchte sich entwickeln, möchte mehr von seinen Stärken leben, mehr von seinen Fähigkeiten, mehr von dem, was ihn eigentlich ausmacht. Und doch geht es im Grunde darum, der Mensch zu sein, der man im Wesenskern eigentlich sowieso ist. Was für eine Bedeutung hat dann Entwicklung, wenn es eigentlich nur darum geht, zu sich selbst zu finden?

WER BIN ICH,
WENN ICH GANZ „ICH SELBST" BIN?

Wir sprechen hier immer wieder von Persönlichkeitsentwicklung bzw. -entfaltung. Doch was heißt das eigentlich genau? Und was bedeutet es dann, »du selbst« zu sein. Oder in anderen Worten: Wer bin ich wirklich, wenn ich ganz ich selbst bin?

Das Wort Persönlichkeit leitet sich vom lateinischen Wort »persona« ab, was so viel wie »Persönlichkeit, Person, Maske, Charakter, Rolle« bedeutet. In der Psychologie beschreibt die Persona das nach außen hin gezeigte Verhalten sowie die Einstellung und Gesinnung eines Menschen. Die Persona ist ein Konglomerat an erlerntem Verhalten, antrainierten Fähigkeiten, herausgebildeten Werten, Glaubenssätzen und Einstellungen, die allesamt dazu dienen, gut und erfolgreich durchs Leben zu kommen. Der Schweizer Psychologe C. G. Jung beschreibt es treffend als »…eine Maske, die Individualität vortäuscht, die andere und einen selber glauben macht, man sei individuell, während es nur eine gespielte Rolle ist.«

Das Selbst hingegen ist ein Begriff, der sehr weit gefasst ist und den authentisch wahrscheinlich nur die erwachten und erleuchteten Menschen dieser Welt zu erklären vermögen. Sie tun das meist damit, dass sie erklären, dass das Selbst nicht erklärbar ist und sich dem Verstand völlig entzieht. Der Verstand könne maximal verstehen, dass er es nicht verstehen kann. So weit, so gut.

Im Hinduismus gibt es dazu eine Metapher, die das vielleicht etwas »verständlicher« auf den Punkt bringt. Hier gibt es eigentlich nur das Eine, nämlich das Selbst, in Gestalt von Gott Shiva. Und Shiva schläft und er träumt dabei. Die Welt mit all ihren Trilliarden an Erscheinungsformen, mit all ihren Wäldern, Seen, Bergen, Tälern, Tieren, Pflanzen und Milliarden an Menschen – sie alle sind Teil des Traumes. Der Traum mag für den Schlafenden äußerst real erscheinen und die Illusion von einem Ich und einem Gegenüber erzeu-

Es ist mehr ein Fühlen als ein Wissen.

gen. Und dennoch sind alle Figuren aus demselben einen Stoff gemacht – sie alle bestehen aus dem träumenden Shiva. In diesem Sinne besteht nichts für sich alleine, sondern alles ist wechselseitig miteinander verbunden. In Momenten von Wachheit wissen wir das. Dann erfahren wir uns selbst mit allem Leben rings um uns verbunden, eingebettet in ein Gewebe namens Leben, Universum, Liebe oder ganz traditionell Gott.

Die Fähigkeit dieses »Wissens« oder besser gesagt »Fühlens« ist die Grundvoraussetzung für Beziehung, die Grundvoraussetzung um etwas oder jemanden lieben zu können. Eckhart Tolle beschreibt es schön, indem er sagt: »Lieben heißt, sich selbst im anderen erkennen.« Wenn also vom »Selbst« die Rede ist, dann ist damit niemals ein Individuum gemeint, sondern vielmehr die Anbindung an das All-Eine, wovon du ein Teil bist. Und wenn du zu dir selbst findest, meint das nichts anderes, als dass du beginnst ein Gefäß zu sein, durch welches sich das Leben auf einzigartige Art und Weise ausdrücken und entfalten kann. Das eine Selbst beginnt durch dich zu wirken.

> »Lieben heißt, sich selbst im anderen erkennen.«
>
> Eckhart Tolle

DIE ROLLE DEINES LEBENS

Den Begriff Persönlichkeit kann man also so verstehen, dass der Mensch in seinem privaten wie beruflichen Umfeld verschiedenste Rollen lebt, die ihm dabei helfen, sich in der Gesellschaft zurechtzufinden. So ist es für einen Menschen in Führungsposition wichtig, dass er die Rolle des »Alpha« (Führungspersönlichkeit) spielt, während ein Mitarbeiter am Fließband die Rolle hat, den immer wieder gleichen Gegenstand im Minutentakt zusammenzubauen. Genauso gibt es die Rolle des Trainers und der Teilnehmer, des Therapeuten und des Klienten, des Verkäufers und des Kunden usw. Im privaten Umfeld wiederum übernehmen wir die Rolle des Beziehungspartners, des Vaters, der Mutter, des Freundes oder der Freundin. Diese Rollen sind wichtig, damit wir uns in dieser Welt zurechtfinden und ein angemessenes Verhalten an den Tag legen können. Wenn der Fließbandmitarbeiter plötzlich die Rolle eines »Alpha« übernimmt, wäre das eher fatal. Und wenn der Therapeut bei der Klientin plötzlich in die Rolle des Beziehungspartners schlüpft, geht das sicherlich nicht gut aus und schafft mehr Chaos als Ordnung. Rollen helfen uns, ebendiese Ordnung herzustellen, die uns Halt und Stabilität verleiht. Wer nicht weiß, was seine Rolle ist, also wo sein Platz bei der Arbeit, in der Beziehung, in der Welt an sich ist, wird schnell vom Chaos eingeholt, sprich, er fällt in eine Krise.

Diese zum größten Teil erlernten Rollen machen letztendlich die Persönlichkeit eines Menschen aus. Sie zeigt sich in dem, was wir Charakter nennen, in den verschiedensten Fähigkeiten und Stärken, die sich im Laufe eines Lebens ständig verändern, weiterentwickeln und somit immer neue Ausdrucksformen erhalten. Die Persönlichkeit ist somit veränderbar und formbar, weshalb wir auch von Persönlichkeitsentwicklung sprechen.

Was hingegen vom Augenblick der Zeugung an im Menschen ein Leben lang unverändert und stabil bleibt, ist sein innerstes Wesen, das, was ihn im Kern ausmacht und was wir gerne auch als »Seele« oder eben als das »Selbst« bezeichnen. Dieses Wesen tönt gewissermaßen durch alle Rollen hindurch, die im Laufe des Lebens gespielt werden. Es ist das, was jedes Tun und Sein durchdringt und damit auch jede Rolle absolut einzigartig macht auf dieser Welt. Ich bezeichne es gerne als das natureigene Wesenspotenzial eines Menschen.

Zu diesem Wesenspotenzial (zurück) zu finden, es zu leben und auf deine absolut einzigartige Weise in die Welt einfließen zu lassen, gehört zu den größten Erfüllungen, die dir im Leben zuteilwerden können. Deine Bestimmung zu leben, zu leben, was du liebst, ganz du selbst zu sein.

Die Seele ist die Essenz deines Wesens und tönt durch alle Rollen hindurch.

In diesem Sinne bedeutet Persönlichkeitsentwicklung nichts anderes, als dass du die Rollen ablegst, die dir nicht (mehr) guttun und die Rollen stärkst und nährst, welche deinem Wesenspotenzial, deiner ureigenen Natur am meisten entsprechen. In anderen Worten könnte man auch sagen: Du entwickelst dich zu dem Menschen, der du bist.

Wenn das geschieht, bist du in deiner Kraft und Mitte. Und alles, was du tust und jede Rolle, die du spielst, ist von dieser Kraft, deiner Kraft durchdrungen. Menschen, die so leben, nennen wir authentisch. Sie werden nur die Rollen spielen, die mit ihrer innersten Wahrheit in Resonanz gehen und die dadurch ihre ureigene Kraft am wahrhaftigsten in die Welt tragen. So gesehen hast du die Wahl, der zu sein, wer immer du sein möchtest, aber du hast keine Wahl in dem, wer du wirklich bist. An diesem Punkt angelangt, gibt es auch nichts mehr zu entscheiden noch willst du jemand anders sein. Dann hast du deine Bestimmung gefunden. Deine Bestimmung, die du mit Freude leben wirst, weil es das ist, wer du bist, wenn du ganz du selbst bist.

Die Weide – der Baum für Gefühle

Ein Baum, der ganz im Zeichen von Gefühlstiefe steht, ist die Weide. Bei ihr geht es darum, die Kontrolle loszulassen, gewohnte Begrenzungen abzubauen und dich ganz im Vertrauen dem Fluss des Lebens hinzugeben. Sie ermöglicht dir in deinen Beziehungen mehr Nähe, Intimität und Herzberührung. Damit kann sie dir eine wertvolle Toröffnerin sein, wenn es dir darum geht, zu dir und deinem innersten Wesen zu finden. Denn die Anbindung an „dein" Selbst ist niemals über das Denken, sondern nur über das Fühlen zugänglich.

Mit der Weide kannst du dich ganz dem Fluss des Lebens hingeben.

Wenn wir hier von Natur-Coaching sprechen, also von Veränderungsarbeit mithilfe der Natur, dann geht es immer darum, all die Blockaden, belastenden Muster und Ängste zu verändern. Was heißt, sie entweder in Er-Lösung zu bringen oder sie zu etwas Kraftvollem zu verwandeln. Ent-wicklung bedeutet nichts anderes, als dich von den Stricken und Fesseln zu befreien, die dich gefangen halten und vor allem davon abhalten, diese Kraft namens Leben uneingeschränkt durch dich fließen und wirken zu lassen. Das verändert deine Persönlichkeit, indem sie stärker, charismatischer, echter und lebendiger wird. Deine Persönlichkeit verändert sich, damit das, was du im Wesenskern bist, uneingeschränkt durch dich wirken und fließen kann.

Das Coaching selbst bietet den Rahmen für Methoden und Interventionen. Die Natur bietet vor allem den Raum und die Verbindung zur größten dir zur Verfügung stehenden Ressource – deine Spiritualität, die Rückverbindung zum Selbst.

ENTDECKE DEINE LEBENSVISION

Was wäre, wenn du morgens aufstehst und es kaum erwarten kannst, dass der Tag losgeht? Wenn du spürst, dass das, was du tust, von Bedeutung ist? Wie wird es sich wohl anfühlen, wenn du abends mit einem Lächeln im Bett liegst, während du deinen Tag reflektierst? Großartig, oder? So wird es dir gehen, wenn du deine Lebensvision kennst, wenn du ganz du selbst bist und ein Leben voll von Sinn und Freude lebst.

Oder ist eher dieses Bild realistisch bei dir momentan: Du fühlst dich irgendwie unfrei und fremdbestimmt in deinem Job, kommst dir vor wie ein Hamster im Laufrad und du kannst es am Montag kaum erwarten, dass es endlich wieder Wochenende ist? Du sagst, das kann doch noch nicht alles in meinem Leben gewesen sein? Dann ist es höchste Zeit, etwas zu ändern! Das Leben ist zu kurz für solche Sperenzchen. Lass uns gemeinsam herausfinden, was die Vision in deinem Leben ist. Eine wunderbare Übung dazu ist es, deinen eigenen Nachruf zu schreiben. Die Anleitung dazu findest du hier unten in der Box.

Dein Nachruf

Nimm dir dein Notizbuch und 20 Minuten ungestörte Zeit für dich. Bei dieser Übung schreibst du 20 Minuten, ohne abzusetzen. Lass alles ganz intuitiv aus dir herausfließen. Stell dir vor, du hättest ein erfülltes Leben gelebt, hast all deine Träume verwirklicht und bist zufrieden im hohen Alter gestorben. Auf deiner Beerdigung hält eine dir nahestehende Person eine Rede über dich und dein Leben. Was würdest du dir wünschen, dass diese Person über dich sagt? Schreibe diese Rede auf.

In Verbindung mit der Natur ist es leichter, deine Lebensvision aus dir herausfließen zu lassen.

Sich sinn- und bedeutungsvoll in die Gemeinschaft einzubringen ist eines der ältesten Grundbedürfnisse des Menschen. Und die Gründe dafür gehen ganz weit zurück in unserer Menschheitsgeschichte. Die Glücks- und Gehirnforschung hat herausgefunden, dass im Zentrum unseres Gehirns, im limbischen System, immer noch die Instinkte der Steinzeit auf uns wirken. Und in der Steinzeit war es »lebensnotwendig«, sich in seinem Rudel mit etwas einzubringen, das für das Rudel bedeutsam war. Ansonsten wurde man bei der nächsten Gelegenheit aus der Gruppe, dem Rudel, ausgestoßen.

Die Frage nach dem Lebenssinn ist somit die Kernfrage unserer Existenz. Die meisten Menschen gelangen irgendwann an diesen Punkt, an dem sie nach dem Sinn des Lebens suchen, nach einer Sinnerfüllung oder einer tieferen Bedeutung ihres Lebens. Daraus entsteht dann die Lebensvision. Kennst du die Vision deines Lebens, dann ist sie wie ein Leuchtturm, an dem du dein Leben und Handeln ausrichtest. Deine Lebensvision ist eine umfassende Vorstellung deines eigenen Lebens, der Zweck deiner Existenz, die Summe deiner Ziele und Werte im Leben.
Neben dem Arbeiten mit Inspirationsfragen ist es hilfreich, immer wieder in die Stille zu gehen, Zeit in der Natur zu verbringen, in Verbindung mit Bäumen oder Pflanzendüften zu treten. Auch Yoga oder Meditation helfen dir, immer wieder in Kontakt zu deiner inneren Stimme, deiner inneren Weisheit und letztendlich zu deiner Lebensvision zu kommen.

DIE IKIGAI-PARABEL: EINE JAPANISCHE GESCHICHTE

Es geschah in einem kleinen japanischen Dorf in der Nähe von Osaka. Dort geriet eine Frau erst ins Koma und starb dann. Auf der Wanderung ihrer Seele hörte sie plötzlich die Stimmen ihrer Vorfahren: »Wer bist du?«, fragte eine der Stimmen. »Ich bin die Frau des Bürgermeisters«, antwortete sie. Da antwortete die Stimme: »Ich will nicht wissen, wessen Frau du bist – ich will wissen, wer DU bist!« Da sagte die Frau: »Ich bin die Mutter von vier Kindern.« Da hörte sie eine andere Stimme. Die erwiderte zornig: »Ich will nicht wissen, wie viele Kinder du hast! Ich will wissen: Wer bist du?« Da gab die Frau zur Antwort: »Ich bin eine Lehrerin.« Wieder erhielt sie als Antwort: »Ich will nicht wissen, welchen Beruf du ausübst, sondern wer du bist!« So ging es immer weiter, bis die Frau antwortete: »Ich bin diejenige, die jeden Tag aufwacht, um für meine Familie zu sorgen und die jungen Köpfe der Kinder in meiner Schule zu nähren.« Die Stimmen der Vorfahren verstummten zufrieden und schickten die Seele der Frau zu ihrem Körper zurück. Als sie wieder erwachte, spürte sie ein tiefes Gefühl von Erfüllung und Bedeutung für ihr Leben. Sie hatte ihr *Ikigai* gefunden und die Prüfung bestanden.

Auf der japanischen Insel Okinawa, der »Insel der Hundertjährigen«, gibt es besonders viele sehr alte Menschen, die sich bester Gesundheit erfreuen und ein besonders glückliches Leben leben. In der Ohsaki-Langzeitstudie hat man herausgefunden, dass dies unter anderem daran liegt, dass viele der dort lebenden Menschen ihr Ikigai kennen und danach leben. Was ist das nun genau, dieses »Ikigai«? Für jeden Menschen ist es was anderes. Für manche bedeutet es, ihren Beitrag zu leisten, indem sie mit Musik die Herzen der Menschen berühren oder Kinder unterrichten, damit sie ganz selbstbewusst und authentisch durchs Leben gehen. Mein (Dianas) Ikigai ist es, mithilfe natürlicher Pflanzendüfte Menschen dabei zu begleiten, wieder ganz zu sich zu finden, um die beste Version von sich selbst leben zu können. Alfreds Ikigai ist es, Menschen über den Kontakt mit der Natur wieder in Verbindung mit ihrem eigenen, innersten Wesen zu bringen, um dadurch ihr natureigenes Potenzial leben und in die Welt bringen zu können.

Ikigai ist die Schnittmenge aus dem, was du gut kannst (deine Talente und Fähigkeiten), dem, was du liebst (deine Passion), dem, was die Welt von dir braucht (deine Werte und dein Bewusstsein) und dem, wofür du bezahlt wirst (dein Beruf). In der Schnittmenge, dem »Sweet Spot«, findest du das, was in deinem Leben Erfüllung und Zufriedenheit bedeutet.

Menschen, die wissen, wer sie sind, sind glücklicher. Sie haben ihr Ikigai gefunden.

Erforsche den Sinn deines Lebens

Nun kommt dein Notizbuch wieder zum Einsatz.
Suche dir einen gemütlichen Platz, lass die folgenden Fragen auf dich wirken und notiere dir die Antworten. Wähle dir die Fragen aus, mit denen du am meisten in Resonanz gehst.

Fragen, die dir helfen, deinen Sinn im Leben zu finden:
- Wie kannst du die Welt ein Stück verändern?
- Worauf möchtest du am Ende deines Lebens stolz sein?
- Wann ist dein Leben für dich sinnvoll und wertvoll?
- Wann fühlen sich Menschen besonders tief berührt von dir? In welchen Situationen, in welchen Momenten, bei welchen Handlungen?
- Welche Situationen in deinem Leben gaben dir ein Gefühl von Bedeutung?
- Würde ein Kind dich fragen, was denn wirklich wichtig ist im Leben, was würdest du ihm antworten?
- Was würdest du am liebsten sagen über das Leben, das du führst?
- Welche Lebensqualität suchst du in diesem Leben? Welche Gefühle sollen dich begleiten?
- Was möchtest du tief in dir drin von diesem Leben?
- Wenn über Nacht ein Wunder geschieht und du wüsstest auf einmal, womit du die Welt bereichern möchtest, was wäre das dann?
- Stell dir vor, alles ist möglich, was würdest du tun?

WAS IST DIR WICHTIG IM LEBEN?

Mit dem Lebenssinn werden zugleich immer auch Werte transportiert. Oder anders gesagt: Ein Leben erscheint uns umso sinnvoller, je mehr es den idealen Wertevorstellungen entspricht. Werte definiert man als erstrebenswert und subjektiv moralisch für gut befundene Eigenschaften und Qualitäten. Beispiele für Werte sind Freiheit, Liebe, Erfolg, Gesundheit, Freundschaft, Familie, Offenheit, Sicherheit, Glück, Abenteuer, Klarheit und Ehrlichkeit. Wir werden angezogen von allem, was unseren persönlichen Werten entspricht. Menschen mit ähnlichen Wertesystemen werden sich höchstwahrscheinlich gut verstehen und auch hervorragend miteinander arbeiten.
Man kann Werte nicht anfassen, aber sie bestimmen maßgeblich unser Handeln. Mein (Dianas) Kernwert ist beispielsweise Freude. Deshalb werde ich meine Entscheidungen treffen, indem ich der Freude folge. Wenn mir ein neues Projekt vorgeschlagen wird, frage ich mich, ob mir das Freude bereiten könnte. Wäre mein Kernwert Geld, würde ich nur darauf achten, dass ich genug Gewinn bei diesem Projekt rausholen würde. Alfreds Kernwert ist Wahrheit, deshalb wird er in Coachings und Gesprächen nicht lockerlassen, bis er zum Kern der Wahrheit seines Gesprächspartners vorgedrungen ist. Menschen, die Klarheit über ihre Werte haben, können schneller Entscheidungen treffen und gestalten sich so ein Leben, das genau zu ihren Vorstellungen passt.
Auf Fragen wie: »Was hast du davon?« oder »Wofür tust du das?« erhält man Werte zur Antwort. Ich tue es, weil ich mich dann sicher fühle (Wert Sicherheit) oder, Das mache ich, weil ich geliebt werden will (Wert Liebe). Erfolgreiche und glückliche Menschen widmen ihr Leben ihren Werten und bekommen genau daraus ihre Kraft.

Spannend wird es, wenn wir unsere Werte mal genauer unter die Lupe nehmen. Was sind deine angestrebten Werte? Und was davon lebst du schon? Wenn deine angestrebten Werte zum Beispiel Abenteuer und Spaß sind, du aber jedes Jahr in das gleiche Urlaubsressort fährst, weil du dort schon alles kennst (Wert Bequemlichkeit), dann liegt ein innerer Wertekonflikt vor und es wäre vielleicht eine Idee, einmal mit dem Rucksack alleine durch Indonesien zu reisen – vorausgesetzt, dass du Indonesien magst.

In einer Meditation kannst du spüren, was in dir steckt.

Deine 5 wichtigsten Werte

Welche fünf Werte ziehen dich am meisten an?
Kreuze diese Werte an und überprüfe, ob sie bereits in deinem Leben eine Rolle spielen.

- ☐ Abenteuer
- ☐ Stabilität
- ☐ Fröhlichkeit
- ☐ Vertrauen
- ☐ Selbstliebe
- ☐ Neugier
- ☐ Mut
- ☐ Humor
- ☐ Genuss
- ☐ Freude
- ☐ Achtsamkeit
- ☐ Akzeptanz
- ☐ Wissen
- ☐ Kreativität
- ☐ Herzlichkeit
- ☐ Unabhängigkeit
- ☐ Weisheit
- ☐ Stabilität & Halt
- ☐ Zielstrebigkeit
- ☐ Zuversicht
- ☐ Mitgefühl
- ☐ Loyalität
- ☐ Dankbarkeit
- ☐ Idealismus
- ☐ Geduld
- ☐ Gesundheit
- ☐ Glück
- ☐ Zufriedenheit
- ☐ Gelassenheit
- ☐ Selbstdisziplin
- ☐ Freiheit
- ☐ Entspannung

Beschenke dich doch einfach mal selbst mit einem schönen Blumenstrauß.

Gefühle sind Empfindungen, also das, was du in einem Moment fühlst. Sie können dir wichtige Hinweise darauf geben, was dir wichtig ist deinem Leben. Du kannst mit ihnen deine Bedürfnisse besser erkennen und auch durchsetzen. Eine gute Portion Wut zeigt dir beispielsweise, dass du ein wichtiges Bedürfnis übergangen hast und sie hilft dir auch, für dieses Bedürfnis einzustehen. Nehmen wir mal an, es ist dir in einem Gespräch mit deinem Partner wichtig, dich einzubringen und deine Sicht der Dinge zu erläutern. Du kommst aber überhaupt nicht zu Wort. Du merkst schon, wie es in dir brodelt und diese Wutkraft gibt dir die Courage, deinen Partner zu unterbrechen und deinen Standpunkt einzubringen.

An positiven Gefühlen wie zum Beispiel Freude hingegen kannst du erkennen, dass sich gerade ein Bedürfnis von dir erfüllt hat. Siehst du am Valentinstag einen bunten Blumenstrauß bei dir Zuhause auf dem Küchentisch stehen und das Herz geht dir auf, dann weißt du, dass es dir ein wichtiges Bedürfnis ist, von deinem Partner wertgeschätzt zu werden.

Gefühle können dir helfen, Entscheidungen zu treffen. Fühlt es sich freudvoll an, wenn du an dein nächstes Vorhaben denkst? Macht es dich ärgerlich, traurig oder ängstlich? Gefühle können ein wichtiger Kompass für dein Leben sein, wenn es dir gelingt, genau hinzuspüren ohne dich von deinen Gefühlen »überrumpeln« zu lassen.

In der Therapie und im Coaching unterscheidet man fünf Grundgefühle:
- Wut
- Angst
- Trauer
- Scham
- Freude

Ein Mal am Tag durchläuft ein gesunder Mensch mindestens einmal alle Grundgefühle. Es geht nicht darum, nur noch positive Gefühle wie Freude zu fühlen. Auch in den sogenannten negativen Gefühlen steckt ein ganz großes Potenzial. Mit der Wut kannst du aktiv werden und an einer für dich unguten Situation was ändern. Mit der Traurigkeit kannst du loslassen, was nicht mehr zu ändern ist und dich selbst in der Tiefe kennenlernen. Die Angst kann dir helfen, dich zu entwickeln. Die Scham kann dir helfen, dich selbst als unvollkommen anzunehmen und Selbstliebe zu entwickeln. Als Emotionen werden angestaute, unerlöste Gefühle bezeichnet. Es sind Gefühle, die nicht gefühlt wurden. Wir empfinden diese Emotionen oft als überwältigende, starke Gefühlswallungen. Auf der nächsten Seite in der Box findest du eine Übung, wie du deine Gefühle fühlen und liebevoll annehmen kannst.

DEINE GEFÜHLE UND GEDANKEN

Wir sind unseren Gefühlen nicht hilflos ausgeliefert, wir erschaffen sie sogar selbst durch unsere Gedanken. Ein Gefühl spiegelt deine Gedanken, da es durch deine Gedanken ausgelöst wurde. Gedanken sind Bewertungen und Beurteilungen, die dein Verstand von seiner Umgebung trifft. Eine Situation ist im Grunde erst einmal neutral. Nehmen wir an, deine Nachbarin erkrankt an Grippe (neutrales Ereignis). Du denkst, hoffentlich stecke ich mich nicht an (Angst). Deine Nachbarin denkt: »Wie gemein, mein Mann hat die Grippe von der Arbeit mitgebracht.« (Wut). Die Situation im Außen ruft bei beiden unterschiedliche Gedanken und somit auch unterschiedliche Gefühle hervor. Daraus können wir schließen, dass die Situation an sich keine Gefühle macht. Es ist die Bedeutung die wir der Situation geben. Wenn du in einer Situation ein bestimmtes Gefühl, sei es Angst, Wut, Scham oder Freude, spürst, lohnt es sich, einmal innezuhalten und deine Gedanken wahrzunehmen. Wie bewertest du gerade diese Situation? Schreibe dir die Gedanken auf, die dir in den Sinn kommen.

Die Rose ist die Blume der Gefühle. Sie ermuntert dich, dein Herz zu öffnen und deine Gefühle zuzulassen.

Raus aus dem Gefühlskarussell

1. SCHRITT: Komm zur Ruhe
Gönne dir eine kleine Auszeit, ziehe dich an einen Ort zurück, an dem du für einen Moment ungestört bist. Mache es dir gemütlich. Lege dir eine Hand auf dein Herz und eine Hand auf deinen Bauch. Atme drei Mal tief in deinen Bauch ein und atme wieder aus. Stelle dir vor, wie beim Ausatmen alle Spannung aus dir herausfließt und beim Einatmen die Kraft von Mutter Erde in dich hineinströmt.

2. SCHRITT: Nimm deine Gefühle wahr
Spüre mit jeder Atmung tiefer in dich hinein. Wie fühlt sich dein Bauch an? Ist es leicht oder schwer, dunkel oder hell in deinem Bauchbereich? Wie fühlt sich dein Herzraum an? Ist er eng oder weit? Wie fühlt sich dein Kopf an? Kreisen die Gedanken oder fühlt es sich wie Nebel in deinem Kopf an? Nimm deine Körperempfindungen wahr und bleibe bei deiner ruhigen Atmung. Alles ist in Ordnung, so wie es ist. Nimm es einfach nur wahr.

3. SCHRITT: Benenne dein Gefühl und würdige es
Frage dich: „Was fühle ich gerade?" oder „Welches Gefühl ist gerade in mir?". Lausche in dich hinein und höre die Antwort. Bestätige das, was du hörst: „Ja, ich fühle mich gerade ... (traurig/allein gelassen/wütend/verzweifelt/mutlos/verwirrt). Fühle das Gefühl und schenke dir selbst dein Mitgefühl: „Das kann ich verstehen. Bei all dem, was du gerade in deinem Leben durchmachst."

Wiederhole die Frage an dich so lange, bis du all die Gefühle und Emotionen, die in dir sind, benennen und liebevoll würdigen kannst. Die liebevolle Annahme und Akzeptanz hilft dir, aus dem Gedankenkarussell auszusteigen.

ENTDECKE DEIN POTENZIAL – DEINE TALENTE UND FÄHIGKEITEN

Kennst du die Schätze, die in dir stecken? Weißt du, was dich ausmacht? Es lohnt sich, da mal genauer hinzuschauen. Wenn du deine Talente und Fähigkeiten auf dem Schirm hast, kannst du leichtfüßig und selbstbewusst durchs Leben gehen. Dir ist bewusst, was du draufhast und du brauchst keine Zeit mit Selbstzweifel und Ängstlichkeit zu verschwenden. Du bist authentisch und stehst zu dir. Du lebst deine ganze Größe, dein ganzes Potenzial und dein Leben passt zu dir wie ein Maßanzug.

Was hält uns nun aber möglicherweise zurück, unsere Fähigkeiten und Talente zu erkennen und auch ganz selbstverständlich zu benennen? Ich würde sagen, es handelt sich hier um eine gewisse Betriebsblindheit. Uns ist gar nicht bewusst, dass etwas, das für uns selbstverständlich ist, für andere etwas Besonderes sein könnte. Mir wurde beispielsweise in unseren Naturseminaren immer wieder das Feedback gegeben, dass ich die Gruppe so gut umsorge und einen sicheren Raum für die Entwicklung der Teilnehmer schaffe. Diese Fähigkeit war für mich so natürlich, dass ich es erst, als das Feedback kam, als etwas Besonderes erkennen konnte.

Wenn du in deinem Leben schwierige Situationen meisterst, wie zum Beispiel einen neuen Job, einen längeren Auslandsaufenthalt oder den Verlust eines lieben Menschen, dann wächst du unweigerlich daran. Du entwickelst deine Fähigkeiten weiter und schaffst neue – zum Beispiel Anpassungsfähigkeit, Durchsetzungskraft, Loslassen, Klarheit oder Selbstbewusstsein. Klopfe dir einmal symbolisch auf die Schulter für all das, was du an Talenten und Fähigkeiten in dir hast. Ich persönlich finde, dass Eigenlob wichtig und gut ist.

Was sind Eigenschaften, die dich ausmachen? Bist du sympathisch, humorvoll, freundlich, neugierig, begeisterungsfähig oder abenteuerlustig? Wenn du deine Stärken kennst, ebnet das den Weg zu mehr Selbstliebe und

Selbstvertrauen. Doch auch die angeblichen Schwächen lohnt es sich anzuschauen. Bist du manchmal zu genau, zu laut, zu lebendig oder temperamentvoll? Deine sogenannten Schwächen sind dein Potenzial, sie machen dich liebenswert und bieten dir eine Möglichkeit zum Wachstum. Perfekte Menschen werden bewundert und beneidet und Menschen mit Ecken und Kanten geliebt. Kennst du dich mit deinen Stärken und Schwächen, dann weißt du, wer du bist und was dich ausmacht. Du kannst dein Wesen in seiner Ganzheit wahrnehmen und erkennst viel besser, was du in deinem Leben willst und was nicht.

Der »Wer bin ich«-Check

Mache es dir so richtig gemütlich und schnappe dir ein Notizbuch.

Lass die folgenden Fragen auf dich wirken und notiere dir die Antworten.
Du kannst auch gerne im zweiten Schritt deine Freunde oder Angehörigen fragen, was du ihrer Meinung nach besonders gut kannst und was sie an dir schätzen.

- Was sind drei Dinge, die du so richtig gut kannst?
- Wobei bist du so tief in deinem Selbstvertrauen, dass du meinst, hierbei kann dir keiner was vormachen?
- Wobei kannst du helfen?
- Was geht dir so leicht von der Hand, dass du es kaum als Arbeit empfindest?
- Zähle mindestens fünfzehn Stärken und fünf Schwächen von dir auf!

WAS LIEBST DU?

Kennst du Deine Passion? Weißt du, was in dir das Feuer der Leidenschaft entfacht? Was ist es, dass dich morgens aus dem Bett springen und auf den Tag freuen lässt? Deine Passion, das sind deine Interessen, Lieblingstätigkeiten, Träume, Hobbys. Das ist all das, was dein Herz höherschlagen lässt.
Bei mir sind es die Düfte, die mich alles um mich herum vergessen lassen. Wenn ich in meinem Duftlabor neue Düfte kreiere, dann bin ich wie im Rausch: Mein Herz klopft, mein Kopf ist ruhig und es kribbelt in meinem ganzen Körper. Es fühlt sich einfach nur Wow an!

Dieses Wow-Gefühl benannte der Glücksforscher Mihaly Csíkszentmihályi als *Flow-Gefühl*. Ein Gefühl des Schaffensrausches, des völligen Aufgehens in einer Tätigkeit. Vielleicht kennst hast du dieses Gefühl auch als leichtes Herzklopfen der Freude oder als aufregendes Prickeln in deinem Körper? An diesem Gefühl erkennst du, ob du gerade einer Passion, einer Leidenschaft folgst. Arbeitest du eher nur To-Dos ab, erledigst deine Aufgaben aus einem Pflichtgefühl heraus und fühlst dich vielleicht sogar gestresst dabei, weißt du, dass du gerade nicht deiner Passion folgst.
Ein Zitat, welches mich schon seit vielen Jahren begleitet und mich wie ein Leitstern durchs Leben führt, sind die weisen Worte von Joseph Campbell:

> »Folge der Freude und das Universum öffnet dir Türen, wo es vorher noch keine gab.«

Wenn es Entscheidungen zu treffen gibt, zum Beispiel ob ich noch mehr Naturseminare geben oder weitere Düfte entwickeln soll, dann spüre ich in mich hinein und höre, wo meine größere Freude liegt. Folge ich dann mit dieser Entscheidung meiner Freude, dann ergeben sich tolle Gelegenheiten, an

die ich vorher vielleicht noch gar nicht gedacht habe. Es tauchen beispielsweise neue Kooperationspartner auf, mit denen ich gemeinsam meine neuen Düfte vertreiben kann. Würde ich mehr der Angst folgen, zum Beispiel, wenn ich denke, »Wenn ich jetzt keine Seminare gebe, dann werde ich von den Leuten vergessen«, dann kann es gut sein, dass es sehr anstrengend wird und die Seminare vielleicht gar nicht gut gebucht werden. Frage dich vor jeder großen und auch kleinen Entscheidung in deinem Leben, wo die meiste Freude liegt und folge ihr. Wenn sich Ängste zeigen, dann schau auch genau hin, aber triff nicht deine Entscheidung aus dieser Angst heraus. Das kann nicht gut gehen.
Wenn du deine Passion im Leben kennst und der Freude folgst, dann kommt alles in den Fluss, dann kann das Beste von dir zutage kommen. Deine Passion ist der Schlüssel zur Entfaltung deines ganzen Potenzials.

Der Passions-Check

Mache es dir so richtig gemütlich und schnappe dir ein Notizbuch. **Lass die folgenden Fragen auf dich wirken und notiere dir die Antworten.**

- Womit kannst du dich stundenlang beschäftigen, ohne Langeweile zu empfinden?
- Wann fühlst du dich lebendig?
- Mit was hast du dich in deiner Kindheit am liebsten beschäftigt?
- Bei welchen Tätigkeiten hast du das Gefühl, ganz du selbst zu sein?
- Wobei fühlst du tiefe Freude und Begeisterung?

WAS STÄRKT DICH?

Ressourcen sind Kraftquellen, also alles, woraus du Energie schöpfen kannst. Sie unterstützen dich, dabei Herausforderungen zu bewältigen. Beispielsweise um eine persönliche Krise zu überwinden, Veränderungen zu meistern, Ziele zu erreichen und neue Wege zu gehen. Man kann Ressourcen in äußere und innere Ressourcen unterscheiden.

Das was dich aus dem Außen heraus stärkt, kann man als äußere Ressourcen bezeichnen. Das können Menschen sein, die dir wichtig sind – Partner, Freunde oder Nachbarn – oder auch das geliebte Haustier. Auch dein Zuhause, deine Wohnung oder dein Garten, kann dir eine äußere Kraftquelle sein, wo du so richtig auftanken und die Seele baumeln lassen kannst. Spaziergän-

Was ist deine Kraftquelle? Hast du sie schon gefunden?

ge im Wald, das Umarmen von Bäumen oder das Sitzen an einem plätschernden Bach können deine Batterien so richtig aufladen. Selbst materielle Dinge wie Autos, Kleidung, Computer oder ein Fernseher können dir Kraft schenken. Wenn du mit deinem Auto eine Spritztour unternimmst, deine Lieblingskleidung anziehst oder deine geliebten Serien im Fernsehen anschaust, kannst du gestärkt daraus hervorgehen.

Tipp: Mach dir doch mal eine Liste von deinen äußeren Ressourcen, so dass du sie dir in schwierigen Zeiten hervorholen und dir Gutes tun kannst. Denn wenn es dir schlecht geht, fallen dir diese Dinge vielleicht gar nicht ein.

Das, was dich von innen heraus stärkt, sind deine inneren Ressourcen. Das können deine positiven Charaktereigenschaften sein, an die du dich erinnerst. Wenn du dir bewusst machst, wie humorvoll, empathisch, mutig oder durchsetzungsstark du bist, kannst du deine innere Stärke spüren und aktivieren. Schau doch noch mal auf Seite 41 nach, welche Stärken du dort schon herausgefunden hast.
Innere Werte wie zum Beispiel Achtsamkeit, Freiheit, Begeisterung, nach denen sich dein Handeln ausrichtet, können ganz wichtige innere Ressourcen sein. Auf Seite 35 haben wir deine Werte bereits genauer unter die Lupe genommen.
Lebenserfahrungen, gemeisterte Herausforderungen, wie zum Beispiel der Umgang mit einer schweren Krankheit oder der Verlust eines geliebten Menschen, können dich von innen heraus stärken und wieder mit deiner Quelle verbinden.
Wir arbeiten im Coaching vorwiegend mit den inneren Ressourcen. Im Natur-Coaching beziehen wir allerdings als äußere Ressource die Natur mit ein, da diese eine enorm wichtige Ressource für die Rückverbindung der Menschen mit ihrer ureigenen Quelle ist.

Fast alles kann eine Ressource sein oder auch nicht, je nachdem, wie man es betrachtet. Für manche Menschen ist eine schlimme Krankheit der Beginn für ein selbstbestimmteres Leben, für andere ein Fluch. Manche berühmten und reichen Menschen sind todunglücklich, andere nutzen Geld und Ansehen, um ein schöneres Leben zu führen.

WAS WILLST DU IM LEBEN ERREICHEN?

Eckhart Tolle schrieb in einem seiner Bücher, dass jeder Mensch ein äußeres und ein inneres Ziel hat. Das äußere Ziel ist bei jedem Menschen verschieden. Das mag beim einen ein großes Auto, eine Villa oder eine Segeljacht sein, beim anderen wiederum eine wichtige Position in der Firma, eine große Familie oder eine erfüllte Beziehung, der Nächste möchte den Mount Everest besteigen usw. Es gibt wohl so viele äußere Ziele, wie es Menschen auf der Welt gibt.

Das innere Ziel hingegen sei bei jedem Menschen das gleiche: Es besteht darin, zu erwachen. Das höchste Ziel des menschlichen Daseins besteht darin, offen zu werden für das sich entfaltende Bewusstsein in jedem Einzelnen und sein Licht in die Welt zu tragen. Oder in anderen Worten: ganz du selbst zu sein und dein eigentliches Wesenspotenzial, das, wofür du hier bist, zu leben.

Jim Carrey hat in einem Interview einmal gesagt: »Ich wünsche jedem Menschen auf dieser Welt, dass er reich und berühmt wird, um zu erfahren, dass das auch nicht glücklich macht.« In diesem Sinne sind die wahren und kraftvollen Ziele im Leben nicht äußere Errungenschaften, sondern vielmehr diejenigen, die auf einer tieferen Ebene wirken und deinem Dasein Sinn und Bedeutung verleihen. Also alles, wo du für dich das Gefühl hast, deine Bestimmung zu leben und deine Kraft, die durch dich wirkt, in einzigartiger Art und Weise in die Welt einfließen zu lassen und damit andere Menschen wahrhaftig zu berühren. Das ist das, was letztendlich wirklich zählt, die Spuren der Liebe, die wir hinterlassen und für die es sich lohnt zu leben sowie zu sterben.

Wenn du jetzt weißt, wohin du willst, also welches Ziel du erreichen möchtest, kannst du die Natur als Umsetzungshilfe miteinbeziehen. Es ist ein uraltes Wissen, dass Pflanzen als beseelte Lebewesen uns genauso wie jede andere Kraft, die wir anrufen oder uns bewusst damit verbinden, Unterstützung und Kraft auf unserem Lebensweg geben können.

Beispielsweise kannst du Bäume ganz bewusst als eine Art Mentoren für die Erreichung deiner Ziele befragen. Sie können hier sehr kraftvolle Wegbegleiter oder sogar starke Verbündete für dich sein, wenn es darum geht, dass du dir über dein Ziel klar wirst bzw. es in die Manifestation bringst. Aus meiner Sicht hat jeder Baum seinen eigenen Charakter, sein eigenes ihm innewohnendes Wesen, das ihn auszeichnet. Und wenn es so weit ist, so wird dich auch der Baum finden, der für dein momentanes Lebensziel gerade als Verbündeter und Seelengefährte für dich da ist.

Bäume können dir kraftvolle Wegbegleiter sein.

Deine Baumverbündeten zum Erreichen deiner Ziele

1. BIRKE – die Lichtbringerin
Wenn du beispielsweise generell mehr Leichtigkeit und spielerische Ausgelassenheit in deiner Art zu leben als Ziel hast, kann dir vor allem die Kraft der Birke dafür sehr hilfreich sein. Sie wird dir stets dann begegnen, wenn dich bleierne Schwere zu erdrücken bedroht, dir ein gesundes Maß an Spontanität verloren gegangen ist oder das Leben allzu ernst genommen wird.

2. TANNE – die Mutter unter den Nadelbäumen
Wenn du für dich lernen möchtest, bei deinen Projekten mehr Rückgrat, Geduld und Ausdauer an den Tag zu legen und dabei stets deinen Werten treu zu bleiben, wird dir die Tanne eine gute Lehrmeisterin sein. Das zutiefst mütterliche, sanfte Wesen der Tanne nährt deine „Herzintelligenz", fördert dein Einfühlungsvermögen und lehrt dich die Fähigkeit zur weisen Innenschau. Zudem steht sie wie kaum ein anderer Baum für Aufrichtigkeit und Treue zu dir selbst, die mit einer gesunden Zielstrebigkeit einhergehen.

3. FICHTE – die konzentrierte Kraft des hohen Nordens

Wenn es in erster Linie einfach um Umsetzung von Zielen, Visionen und Träumen geht, also diese ganz real in die Welt zu bringen, wird dich wohl irgendwann die Fichte finden. Durch ihre Kraft wirst du in sehr kompromissloser Art und Weise dazu aufgefordert, einen klaren Fokus zu bekennen und deinen Blick nach vorne auszurichten. Sie lehrt dich, im Hier und Jetzt das zu tun, was es zu tun gilt, um deiner Zielrealisation näher zu kommen und dich dabei stets auf das Wesentliche zu besinnen. Ganz nach dem Motto: „Ich weiß, was ich will. Ich weiß, wie ich es erreiche. Und ich weiß, wann ich es umsetze!"

Nicht nur jeder Baum, sondern jedes einzelne, noch so winzige Pflänzchen vermag dir die Kräfte, Botschaften und Ressourcen zukommen zu lassen, die du für deine Zielerreichung gerade brauchst. Klar kannst du jetzt analytisch vorgehen und direkt eine Fichte aufsuchen, wenn du weißt, dass es um die Umsetzung des nächsten Schrittes geht. Besser ist es jedoch, wenn du nichts über den Baum an sich weißt und dich einfach rufen lässt. Denn dein Unterbewusstsein, dein Selbst, weiß am allerbesten, welche Ressourcen gerade am hilfreichsten sind für das, was du in die Welt bringen möchtest. Vielleicht ist es dann nicht die kompromisslose Klarheit der Fichte, sondern die Sanftheit und Wärme der Tanne, die genau das in dir in Bewegung bringt, was du brauchst, um in die Gänge zu kommen. Vertraue hier deiner Intuition – sie wird dir den richtigen Weg zeigen.

BLOCKADEN AUS DEM WEG RÄUMEN

Was hat dich bisher abgehalten, deine Ziele im Leben zu erreichen und dein ganzes Potenzial zu leben? Was hat dich blockiert? Das können negative Gedanken, Ökologiethemen oder einschränkende Glaubenssätze sein. Wenn du beispielsweise denkst, alle reichen Menschen sind Betrüger (einschränkender Glaubenssatz), dann wird es mit dem Leben in Fülle bei dir wahrscheinlich noch ein weiter Weg sein. Denn wer will schon ein/e Betrüger/in sein? Und wenn du denkst: »Wenn ich erfolgreicher bin als mein/e Partner/in, liebt er/sie mich nicht mehr« (Ökologiethema), würdest du alles daransetzen, erfolgreich zu sein? Wahrscheinlich eher nicht, oder?
Wie kannst du nun diese Blockaden erkennen und überwinden? Schauen wir uns mal die Ökologiethemen und einschränkenden Glaubenssätze näher an.

Der Begriff der Ökologie ist systemischen Ursprungs. Er bezeichnet die Verträglichkeit eines Ziels mit anderen Aspekten oder Zielen eines Menschen. Ein Zielkonflikt könnte zum Beispiel sein: »Wenn ich mein Ziel erreiche, verliere ich meine finanzielle Sicherheit, da ich meinen Vollzeitjob kündigen muss.« Wenn die Angst vor der finanziellen Unsicherheit größer ist als der Wunsch, z. B. ein Herzensbusiness aufzubauen, dann ist das eine ernst zu nehmende Blockade. Das Bewusstmachen von Ökologiethemen ist ein erster wichtiger Schritt, um das aus dem Weg räumen zu können, was das Erreichen deiner Ziele blockiert.

Als verdeckten Gewinn bezeichnet man den Vorteil, den jemand aus dem Bestehen des Problems bezieht. Nicht selten ist ein Problem deshalb so beständig, weil ein Leben mit dem Problem besser, einfacher, sicherer, erscheint als ohne. Oft ist es bereits wirkungsvoll, den verdeckten Gewinn aufzudecken und die Konsequenzen aufzuzeigen. Ein verdeckter Gewinn bei einer Erkältung könnte eine Konfliktvermeidung sein, z. B.: »Wenn ich krank bin, muss ich mich nicht mit XY konfrontieren« oder: »Wenn ich krank bin, bekomme ich mehr Aufmerksamkeit und alle sind netter zu mir«. Diese beiden Vorteile stehen dem Erreichen des eigentlichen Ziels, gesund zu sein, entgegen. Eine hilfreiche Frage wäre: »Wie kann ich den Konflikt lösen, ohne dass ich dazu krank sein muss?«

Was fürchtest du, könnte passieren, wenn du dein Ziel erreichst?

- Was wäre dann nicht mehr möglich? Was könntest du nicht mehr tun?
- Was kostet es dich, dein Ziel zu erreichen?
- Was würdest du verlieren? Wen würdest/könntest du verlieren?
- Wer würde dann leiden? Wen würdest du damit verletzen/kränken/vor den Kopf stoßen?
- Was müsstest du (Neues) tun?
- Wem wirst du dann ähnlicher? Wem unähnlicher?
- Wie würden andere (dein Partner, deine Familie, dein Arbeitgeber, deine Freunde) reagieren?
- Was befürchtest du, könnte noch passieren?
- Könnten sich (neue) Probleme ergeben? Wenn ja, wie könntest du diesen vorbeugen oder mit ihnen umgehen?
- Bist du bereit, mit den Konsequenzen zu leben? Sind dir die Konsequenzen die Zielerreichung wert?

Glaubenssätze sind das, was wir für wahr halten. Sie bestimmen, was wir denken und wahrnehmen und was wir für möglich halten. Unsere Erfahrungen und Erlebnisse prägen unsere Sicht auf die Welt. Glaubenssätze sind die Grundlage unseres Handelns. Wenn ich glaube: »Geld verdirbt den Charakter«, dann werde ich immer so viel Geld ausgeben, dass ich grad mal ausreichend Geld auf dem Konto habe, um zu überleben. Möchte ich aber beispielsweise eine erfolgreiche Unternehmerin sein, dann schränkt mich dieser Glaubenssatz immens ein.

Deine Top 3 der limitierenden Glaubenssätze entdecken

Im Folgenden gebe ich dir eine Liste an limitierenden Glaubenssätzen. **Markiere dir die Sätze, die sich für dich wahr anfühlen. Schreibe weitere eigene Sätze dazu, wenn nötig:**

- „Ich bin nicht gut genug."
- „Ich bin nicht attraktiv."
- „Ich habe nicht genug Disziplin."
- „Für Geld muss man hart arbeiten."
- „Das Leben ist kein Ponyhof."
- „Niemand nimmt mich ernst."
- „Ich gehöre nirgends wirklich dazu."
- „Ich bin zu gut für diese Welt."
- „Es ist zu viel des Guten. Das habe ich nicht verdient."
- „Nur wenn es mir richtig schlecht geht, darf ich mich ausruhen."
- „Ich bin nicht kreativ."
- „Ich bin zu faul."
- „Ich werde nie so richtig erfolgreich sein."
- „Die Welt ist gefährlich."
- „Reiche Menschen sind arrogant und egoistisch."

- ....
- ....
- ....

Schreibe dir drei Glaubenssätze, die sich ganz besonders wahr und schmerzhaft für dich anfühlen, in dein Notizbuch.

The Work

Byron Katies „The Work" ist ein sehr wirksamer Prozess, um limitierende Glaubenssätze und ihre Auswirkungen zu beleuchten. Im Kern sind es vier Fragen mit großer Wirkung. **Stelle für jeden der drei markierten Glaubenssätze die folgenden Fragen:**

1. Ist das wahr?
(Ja oder nein. Wenn nein, dann gehe zu Frage 3)

2. Kannst du absolut sicher sein, dass das wahr ist?
(Ja oder nein)

3. Wie reagierst du, wie fühlst du dich,
wenn du diesen Gedanken glaubst?

4. Wer wärst du ohne diesen
Gedanken?

Für jeden der drei einschränkenden Glaubenssätze triff eine neue Wahl und formuliere einen neuen kraftvollen Glaubenssatz.
Oft ergibt sich der neue Glaubenssatz aus einer Negierung des alten Glaubenssatzes.
Beispiel: „Ich bin nicht gut genug!" wird zu „Ich bin richtig gut!".
Spüre in diesen neuen Glaubenssatz hinein. Fühlt er sich auch wahr an? Genauso wahr oder vielleicht sogar noch wahrer? Genieße das großartige Gefühl, das sich in dir ausbreitet, wenn du diesen kraftvollen neuen Glaubenssatz zu deiner neuen Wahrheit machst.

SICH IN DER NATUR SELBST ERKENNEN – MEDIZINWANDERUNG

Eine sehr gute Möglichkeit, mit dem Naturraum zu kommunizieren, ist die sogenannte Medizinwanderung oder der »medicine walk«. Die Medizinwanderung ist etwas, was seit Urzeiten bei allen Naturvölkern praktiziert wurde. Es ist ein bewusstes Hinausgehen in die durch und durch beseelte Natur, um mit ihr in Kontakt zu treten und wertvolle Botschaften und Einsichten zu erfahren. Sie ist dabei häufig Teil einer Initiation wie z.B. der Visionssuche, wo sie als Vorbereitung für die entbehrungsreiche Zeit dient. Bekannt geworden ist es in unserem Raum vor allem durch die nordamerikanischen Ureinwohner. Das Prinzip selbst ist jedoch sicherlich schon viel, viel älter und auch in unserem Kulturkreis mit Sicherheit einst sehr verbreitet gewesen.

Die Medizinwanderung beschreibt nichts anderes, als dass du in einen veränderten Bewusstseinszustand gehst, der es dir erlaubt, die Natur als Spiegel deines eigenen Selbst zu betrachten. Das heißt, du trittst aus deinem Alltags-

Die Medizinwanderung wird schon seit Urzeiten bei Naturvölkern praktiziert.

bewusstsein heraus und verlässt deine gewohnte Art, die Umgebung wahrzunehmen. Für einen bestimmten Zeitraum wandelst du durch die mystisch-magischen Ebenen deines eigenen Unterbewusstseins. Du begibst dich sozusagen auf eine Reise in dein Innerstes, das sich für die Dauer der Medizinwanderung als das Außen offenbart. Um es wieder in die Metapher des schlafenden Shivas zu bringen: Du erwachst für eine Zeit lang aus dem Traum oder besser gesagt zum Traum und erkennst alles, was dir begegnet, als einen Anteil von dir selbst. Wenn es dir schwerfällt, deine Umgebung durch diese Augen zu sehen, versuche einfach einmal so zu tun, als ob das wirklich so wäre. So als ob du dich für eine Zeit lang auf ein Experiment, ein Spiel einlässt. Ähnlich wie du es vielleicht als Kind getan hast, wenn du mit unsichtbaren Freunden oder magischen Wesen gespielt hast. In anderen Worten: Lass die Welt für ein paar Stunden lang einfach mal magisch, fantastisch, verrückt sein und du wirst so manches Wunder erleben.

In jedem Fall, und um das geht es in der Medizinwanderung, erhältst du für dich die fehlenden Puzzleteilchen, die dir helfen, wieder einen Schritt weiterzukommen, klarer zu werden oder deine innere Ordnung wiederherzustellen. Du beziehst sozusagen Heilung aus der Natur. Das Wort Heilung bedeutet übersetzt so viel wie wieder »ganz werden«. In diesem Sinne erhältst du eine Medizin aus dem Naturraum und wirst wieder ein Stück weit ganzer.

Du kannst deine Medizinwanderung auch in Form eines Stadtspazierganges machen. Es geht nicht darum, dass es immer in der Natur geschieht. Auch der Hydrant am Gehsteig, die Autos auf der Straße, die rote Ampel oder die verschiedenen Menschen, die dir begegnen, sind dann ein Teil deines Unterbewusstseins, das dir Antworten aus dem subtilen Raum liefert. Der Vorteil eines Spaziergangs durch einen Wald oder einer Naturlandschaft ist ganz einfach der, dass du dir leichter tun wirst, aus der Alltagstrance herauszutreten. Du kannst dich viel leichter für die zum Teil sehr subtilen und verborgenen Botschaften aus dem Raum öffnen und sie entsprechend empfangen. Zudem hilft dir die Natur, wie eingangs im Buch erwähnt, auf unzählige Arten und Weisen, in die Entspannung zu kommen, dem Gedankenrad des Alltags zu entfliehen und wieder in den Flow zu kommen. In diesem Sinne ist es nicht nur gesünder und kraftvoller, deinen medicine walk in der Natur zu machen, sondern ganz sicher auch aussagekräftiger.

Üblicherweise findet die Medizinwanderung von Sonnenaufgang bis Sonnenuntergang statt. Es geht in unserem Fall aber nicht darum, einen ganzen Tag unterwegs zu sein, sondern viel mehr die Stunden, wo du dich in der Natur aufhältst, ganz bewusst zu verbringen. So kann deine Medizinwanderung einen ganzen Tag beanspruchen, aber vielleicht auch nur 2–3 Stunden. Mach den Zeitpunkt auch nicht vom Wetter abhängig, sondern folge hier deinem Instinkt bzw. deinen inneren Impulsen. Wenn es beim Losgehen zu regnen beginnt, dann ist der Regen ein wichtiger Teil deiner Wanderung.
Sage vorab einer dir nahestehenden Person Bescheid, wo du vorhast hinzugehen. Es kommt nicht selten vor, dass sich Leute beim Querfeldein-Gehen verirren oder die Orientierung verlieren. Nimm dein Handy also gerne mit, aber schalte es auf Flugmodus und verwende es nur im Notfall. Während der Zeit der Medizinwanderung wird gefastet. Eine Trinkflasche solltest du natürlich dabeihaben. Wo immer du wählst zu gehen, achte dabei darauf, dass du für dich alleine sein kannst, also abseits ausgetretener Pfade.

Bevor du losgehst, überlege dir deine Absicht, weshalb du diese Medizinwanderung für dich machen möchtest. Vielleicht wünschst du dir Unterstützung auf deinem persönlichen Entwicklungsweg, vielleicht möchtest du vorab überfällige Themen des Alltags, der Familie, des bisherigen Berufes verabschieden oder lösen. Achte auf deine Impulse und sei ehrlich zu dir. Das, was im medicine walk angeschaut werden möchte, wird sich dir klar zeigen.

Der längste Weg beginnt mit dem ersten Schritt.

> »Für mich gibt es nur das Gehen auf Wegen, die Herz haben. Auf jedem Weg gehe ich, der vielleicht ein Weg ist, der Herz hat. Dort gehe ich, und die einzig lohnende Herausforderung ist, seine ganze Länge zu gehen. Und dort gehe ich und dort sehe ich und ich sehe atemlos.«
>
> Don Juan (Carlos Castaneda)

Wenn du losgehst, überschreitest du ganz bewusst eine Schwelle. Diese Schwelle steht symbolisch für den Übergang in eine andere Ebene und Zeit, in der du dich während der Wanderung befindest. Die Schwelle sollte physisch sichtbar sein, sie kann ein Ast am Boden sein, eine kleine Brücke, die du zu überqueren hast oder ein alter Baum, den es zu passieren gilt. Du wählst die Schwelle dort, wo du sie eindeutig als solche erkennst. Nachdem die Wanderung vorbei ist, wird es wieder eine Schwelle geben, die du zu durchschreiten hast, um wieder zurück in die alltägliche Welt zu kommen. Dies kann und wird wahrscheinlich eine andere sein als die Schwelle beim Losgehen. In jedem Falle gilt: Überschreite diese Schwellen bewusst. Es sind immer auch Wächter, die dich ob deiner Absicht auf Herz und Nieren prüfen.

Wenn du die erste Schwelle überschritten hast, befindest du dich in der »Anderswelt«. Du hast dann bewusst für eine Zeit lang die Seiten gewechselt. Alles, was jetzt in der Natur auftaucht, sich zeigt, jedes Symbol, jedes einzelne Lebewesen, jeder Baum und jede Blume, ist in direktem Austausch mit dir. Und mehr noch, es ist, als ob du in deinem eigenen Unterbewusstsein spazieren gehst und alles davon ein Teil von dir ist, der mit dir spricht. Nimm all diese Zeichen und Bewegungen wahr und achte darauf, mit was du besonders stark in Resonanz gehst. Folge den Impulsen, die dir sagen, wann es gilt anzuhalten, dich niederzusetzen, ein Gebet zu sprechen oder vielleicht sogar ein kleines Ritual abzuhalten.

Alles, was geschieht, geschieht hier für dich und dafür, deine Absicht klar zu kriegen. Und nichts, was du erlebst und erfährst, ist zufällig oder belanglos. Alles beinhaltet die Chance zu erkennen, zu verstehen, klar zu werden und dich letztendlich tief in deinem Inneren berühren zu lassen. Dabei kann dir die Erfahrung komplett unspektakulär erscheinen und doch birgt sie in sich ein tiefes Heilungspotenzial.

Wenn du wieder über die 2. Schwelle zurückgekehrt bist in die alltägliche Welt, kannst du beginnen zu reflektieren. Schreibe dir das Erlebte und deine wichtigsten Erkenntnisse aus dieser Medizinwanderung auf. Vielleicht kamen auch bestimmte Symbole oder Bilder, die du aufzeichnen magst. Vielleicht hast du auch ein »Geschenk« mitbekommen, eine Art Symbol in Form eines Steines, einem Stück Wurzel, einer Blume. Wenn es nicht schon während der Wanderung geschehen ist, kannst du dich jetzt fragen, welche Bedeutung dieses erhaltene Symbol für dich hat.
Um all das, was du für dich erfahren und erlebt hast, für dich voll und ganz zu integrieren, braucht es jetzt noch jemanden, dem du das Ganze schildern und erzählen kannst. Wichtig dabei ist, dass du erzählst – der andere hört mit offenem Ohr zu und übt das Lauschen. Reines Nachfragen – im Sinne von »Habe ich das richtig verstanden?« – ist okay, aber die zuhörende Person sollte KEIN Feedback geben. Hier sind ausschließlich Zeugenbewusstsein und herzoffene Präsenz gefragt. Es geht darum, deine Geschichte noch einmal bewusst zu durchleben und die wesentlichen Punkte und Erkenntnisse in dir zu integrieren.

Alles ist in Austausch mit dir – ob Blüte, Baum oder Lebewesen.

Fallbeispiele aus unserer Coaching-Praxis

1. ALEXANDER – **tiefe Herzberührung**

Die Natur bietet unzählige Möglichkeiten, mit natürlichen Kraftfeldern in Berührung zu kommen, die in Verbindung mit dem richtigen Coaching-Setting eine nachhaltige Veränderung bewirken können.

In dem folgenden Fallbeispiel geht es um Alexander, der bei einem unserer Wahrnehmungs-Retreats in den Bergen mit dabei war. Alex hatte gerade das Ende einer mehrjährigen Beziehung hinter sich und litt seit Wochen unter dem Trennungsschmerz. Als er an der Reihe war zu sagen, warum er heute hier ist, antwortete er: „… Sie konnte die Natur so gut wahrnehmen, sie konnte die ganzen Naturwesen sehen und spüren und mich dadurch so intensiv daran teilhaben lassen. Ich bin hier, um diese Fähigkeit in mir selbst zu entdecken und zu entwickeln und damit vielleicht auch wieder etwas Frieden in mir zu finden."

Das, was ihm zu schaffen machte, war (s)ein verschlossenes Herz, das eine schmerzhafte emotionale Distanz zu sich selbst und seiner Umgebung bewirkte. Seine größte Sehnsucht war demnach, einen Teil dessen, was er für sich durch die Beziehung gefunden und durch die Trennung wieder verloren hatte, wiederzugewinnen – seine Gefühlstiefe und Empfindungsfähigkeit. Alexander bekam als Baumverbündeten die Weide an seine Seite. Dass die Weide besonders stark auf die Welt der Gefühle einwirkt, wusste er nicht. Und er ging mit einem ganz besonderen Kraftplatz des Elementes Feuer in starker Resonanz. Er hatte in beiden Fällen den Mut, das Herz und die Hingabe, sich ganz auf die Gefühlsebene und die Naturkräfte vor Ort einzulassen. Er war bereit, die Reise anzutreten und eröffnete sich in kürzester Zeit eine Welt, von der er glaubte, dass nur „andere" sie wahrnehmen können.

Aber es geschah noch viel mehr als das, was er sich eigentlich als Ziel gesetzt hatte. Das, was durch diesen Naturkontakt ausgelöst wurde, veränderte sein Leben auf allen Ebenen. Alexander wurde wieder ein Stück vollständiger und fand letztendlich in sich das, was er glaubte durch die Trennung verloren zu haben – sich selbst.

2. CORNELIA – das Herzensbusiness

Cornelia kam zu Diana in die SeelenduftPraxis, weil sie sich gerne mit ihrem Herzensthema selbstständig machen wollte. Es fehlte ihr noch an dem nötigen Vertrauen in sich selbst und in ihre Fähigkeiten. Das Thema Selbstständigkeit machte ihr Angst und schien ihr unerreichbar zu sein. In dem Coaching-Gespräch kristallisierte sich heraus, welche Qualitäten es in ihren Augen braucht, um ihr Herzensbusiness erfolgreich aufzubauen. Es waren Qualitäten wie Selbstbewusstsein, Klarheit, Vertrauen ins Leben, charismatisches Auftreten, Mut und Abenteuerlust. Als Diana Cornelia intuitiv die dazu passenden ätherischen Öle aussuchen ließ, wählte sie Rosmarin und Lavendel. Diese beiden Düfte brachten in ihr die Erinnerung hoch, wie sie als 16-Jährige das erste Mal in ihrem Leben ohne ihre Eltern in die Provence gefahren ist. Die beiden Öle holten bei ihr genau die Qualitäten wieder in die Erinnerung (Selbstbewusstsein, Mut und Abenteuerlust), die sie für den Aufbau ihrer Selbstständigkeit braucht. Alle die Qualitäten sind in ihr, die Düfte Lavendel und Rosmarin haben sie nur daran erinnert und sind jetzt wertvolle Wegbegleiter für Cornelias Reise in die Selbstständigkeit.

Düfte erinnern dich an deine innewohnenden Qualitäten.

In Achtsamkeit
mit sich und der Natur
durchs Leben gehen.

Bewusstsein für Mensch und Natur

Der Mensch ist das einzige Lebewesen auf dem Planeten, das sich seiner selbst bewusst werden kann. Eine wachsende Anzahl von Menschen mit einem entsprechenden Naturbewusstsein ist die Voraussetzung dafür, dass unser Fortbestehen als Spezies auf dem Planeten überhaupt möglich ist. Und es ist höchste Zeit dafür, dass sich dieses Bewusstsein mehr und mehr entwickelt. Aber was bedeutet denn jetzt Bewusstseinsentwicklung? Was ist der Unterschied zur Persönlichkeit? Was hat das Ganze mit Achtsamkeit zu tun? Und wie können die Bäume und Pflanzendüfte dich dabei unterstützen, noch achtsamer durchs Leben zu gehen?

DAS WUNDER DES LEBENS ERKENNEN

Bewusstsein schließt das mit ein, was du wirklich aktiv siehst, hörst, fühlst und wahrnimmst. Also all das, was du für dich erfassen und verarbeiten kannst. Es steht im engen Zusammenhang mit dem Ego, also dem, was deine Persönlichkeit ausmacht. Das Unterbewusstsein hingegen entzieht sich ähnlich wie das »Selbst« einer genaueren begrifflichen Erklärung, es liegt im wahrsten Sinne des Wortes im Dunkeln. Es ist der Bereich, der in der Psychologie seit jeher für die wildesten Spekulationen und Mutmaßungen sorgt und im Versuch, es zu erklären, sich dabei einer hochkomplexen Sprache bedient. Für uns ist hier nur wichtig zu verstehen: Das Unterbewusstein ist ungleich größer und auch mächtiger als das (Wach-)Bewusstsein. Wahre Veränderung vollzieht sich letztendlich immer auch im Bereich des Unterbewussten. Und wenn wir von Bewusstsein sprechen, meinen wir eigentlich immer beides: Das Bewusste genauso wie das Unterbewusste.

> »Wenn wir das Wunder einer einzigen Blume klar sehen könnten, würde sich unser ganzes Leben ändern.«
>
> Buddha

Persönlichkeitsentwicklung geht daher immer auch mit einer Bewusstseinsentwicklung einher, was gleichzeitig immer auch mit einer veränderten Wahrnehmung zu tun hat. Denn wenn du beginnst, bewusster zu sein, nimmst du dich selbst, deine Umgebung sowie andere Menschen viel bewusster wahr. Das heißt nichts anderes, als dass du beginnst, die Dinge ganzheitlicher zu erfassen. Du beziehst mehrere Wahrnehmungsebenen mit ein. Die alte Linde im

Spürst du die Kraft, die dieser alten Linde innewohnt?

Park ist dann nicht mehr nur ein alter Baum, sondern du beginnst auch ihre innewohnende Lebendigkeit zu erfassen und dir wird bewusst, welche Kraft dieser Baum eigentlich hat. Vielleicht wird dir in weiterer Folge auch bewusst, wie sehr dieser Baum das Klima des gesamten Parks positiv beeinflusst und welchen unschätzbaren Wert er für die Parkbenutzer hat. Du erfährst es am eigenen Leib, kannst es für dich spüren und wahrnehmen.

Ein viel eindringlicheres Beispiel, das dir bestimmt auch bekannt vorkommt, ist der Wert von Gesundheit. Wann immer du schon einmal eine schwere Krankheit durchmachen musstest, dich verletzt oder sonst wie Schmerzen oder körperliche Beeinträchtigungen erlitten hast, hattest du in diesem Moment genau noch einen Wunsch – nämlich wieder gesund und schmerzfrei zu sein. In solchen Phasen sind wir uns des Werts eines gesunden und frei beweglichen Körpers sehr wohl bewusst. Oft vergessen wir das aber in dem Moment, in dem sich wieder Gesundheit einstellt und der gewohnte Alltag beginnt.
Bewusstseinsentwicklung ist nicht nur wichtig, sie ist essenziell, wenn wir als Spezies Mensch auf diesem Planeten weiterhin gut leben, wenn nicht inzwischen schon überleben wollen. Bewusstsein schafft Raum für Leben, schafft Raum für Liebe. Wenn du beginnst, bewusster zu leben, beginnst du auch, intensiver zu lieben, du beginnst, dich in deinem Gegenüber – egal ob Mensch, Baum oder Blume – zu erkennen. In solchen Momenten offenbart sich dir auch das Wunder, das allem Leben innewohnt und wovon du ein unverzichtbarer Teil bist.

GESETZE DER VERÄNDERUNG

Wenn du dich mithilfe der Natur weiterentwickeln möchtest, ist es zielführend, dir ein Set bestimmter Vorannahmen zu eigen zu machen. Diese Grundannahmen oder auch Vorannahmen kommen aus der Psychologie sowie aus dem Bereich des NLP (Neurolinguistischen Programmierens). Ihnen liegt eine jahrzehntelange Beobachtung zugrunde. NLP Coaches und Psychotherapeuten haben in ihrer Arbeit mit Klienten beobachtet, dass diese im Kern ähnliche Persönlichkeitsprozesse durchlaufen, die auf gewissen Gesetzmäßigkeiten beruhen. Einer Beobachtung, in der nichts anderes festgestellt wurde, als dass dies die Grundgesetze für Veränderung sind.

Wir haben daraus die Bewusstseins-Grundannahmen gemacht. Denn aus unserer Sicht sind es letztendlich Naturgesetze, denen der Mensch unterliegt und ohne die kraftvolle Entwicklung, wie sie tagtäglich irgendwo in unserem Umfeld geschieht, gar nicht möglich wäre.

> »Glaube nicht – nur weil Experten es behaupten. Glaube nicht – nur weil es immer so war. Glaube nicht – nur weil andere es auch so sehen. Prüfe und erfahre selbst.«
>
> Buddha, Kalama Sutta

> Es gibt kein Versagen,
> es gibt nur Feedback.

Ein paar dieser Bewusstseins-Grundannahmen haben wir hier für dich aufgelistet. Es geht uns hier nicht darum, dass du sie blind glaubst und übernimmst. Vielmehr fordern wir dich dazu auf, sie zu prüfen und für dich als stimmig anzunehmen oder, wenn sie für dich nicht stimmig sind, abzulehnen. Du wirst in jedem Fall merken, dass die Grundannahmen so wie kraftvolle Affirmationen wirken. Sie können einen großen Unterschied machen, wie du auf dein Leben blickst.

10 Grundannahmen für ein bewusstes Leben

1. Menschen haben bereits alle Ressourcen, die sie für eine Veränderung brauchen.

2. Was ein Mensch erreichen kann, kann prinzipiell jeder erreichen.

3. Wenn das, was du tust, nicht funktioniert, tue etwas anderes.

4. Es gibt kein Versagen, es gibt nur Feedback.

5. Es gibt keine schlechten Menschen, es gibt nur schlechte Zustände.

6. Jedem Verhalten liegt eine positive Absicht zugrunde.

7. Menschen treffen zu jedem Zeitpunkt die beste ihnen mögliche Wahl. Wenn sie eine bessere Möglichkeit erkennen, werden sie diese auch nutzen.

8. Wenn du etwas von jemandem willst, dann schaffe einen Kontext, in dem das gewünschte Verhalten natürlich und von selbst geschieht.

9. Eigentliche und nachhaltige Veränderung geschieht immer im Unterbewusstsein.

10. Ändert sich etwas in deinem Unterbewusstsein, verändern sich dein Verhalten, deine Einstellung und deine Sicht.

GLÜCKSFAKTOREN
FÜR EIN ERFÜLLTES LEBEN

Als ich dachte, dass mich mein Glück für immer verlassen hat, befand ich mich im Grunde genommen schon auf dem Weg zu mir zurück. In meinem stressigen Job als Marketingmanagerin in der freien Wirtschaft habe ich mich und meine Bedürfnisse völlig vergessen. Ich hörte auf, in den Urlaub zu fahren, arbeitete bis 10 Uhr in der Nacht und nahm mir sogar Arbeit fürs Wochenende mit nach Hause.

Mein Körper schickte mir mit steigender Intensität Symptome, die ich solange ignorierte, bis sie so stark wurden, dass sie mein Leben gefährdeten. Da endlich zog ich die Notbremse. Nach über zwei Jahren intensiver Krebstherapie suchte ich meinen Weg zurück ins Leben. Ich wollte wissen, was mich ausmacht und wie ich wieder glücklich werden konnte. Denn gelacht und getanzt hatte ich schon sehr lange nicht mehr.

Ich lernte mich besser kennen und fand heraus, dass meine Freude und Begeisterungsfähigkeit eine ganz große Qualität in meinem Leben sind. Und ja, ich wollte Freude und Glück in die Welt bringen. In meiner Glückstrainerausbildung lernte ich, dass man Glück trainieren kann. Du hast richtig gehört, Glück kann man trainieren, wie einen Muskel. Je öfter du glückliche Gefühle erlebst, umso schneller kannst du dich selbst in diese Gefühle versetzen und aus ihnen heraus agieren. So kannst du leichter für dich passende Entscheidungen treffen und dein Leben mit Ausrichtung auf Glück und Erfüllung gestalten.

Die Glücksforscherin und Psychologin Sonja Lyubomirsky fand in ihren Studien mit Zwillingen heraus, dass Lebensglück beeinflussbar ist. Sie geht davon aus, dass 50 % der Fähigkeit, glücklich zu sein, angeboren ist, weitere 10 % von der Lebenssituation abhängen und die übrig bleibenden 40 % selbst beeinflusst werden können. Sie beschreibt in ihrem Buch »Glücklich sein: Warum Sie es in der Hand haben, zufrieden zu leben«, worin sich glückliche und nicht-glückliche Menschen unterscheiden. Daraus leiten sich die wichtigsten Glücksfaktoren ab.

3 Glücksfaktoren für ein erfülltes Leben

Möchtest du, dass wieder mehr Glück und Erfüllung in dein Leben einziehen, dann integriere diese Glücksfaktoren in dein Leben:

1. **DANKBARKEIT:** Glück entsteht in dem Moment, in dem du dir bewusst machst, was es alles Wunderbares in deinem Leben gibt. Oft fällt uns nur auf, was wir noch nicht haben und wir vergessen, das zu würdigen, was es schon in unserem Leben gibt.
Den Blick auf die kleinen und großen Wunder in deinem Leben zu lenken, seien es die lieben Menschen, das schöne Zuhause oder die Erfolge in deinem Herzensjob, das ist Glück pur. Mache es dir zu einer täglichen Routine, diese Dinge wertzuschätzen!

2. **EINZIGARTIGKEIT:** Höre auf, dich mit anderen zu vergleichen. Vergleiche sind der absolute Glückskiller. Du bist einzigartig! Jeder Vergleich hinkt, denn es gibt dich nur einmal. Sorge für ein gesundes Selbstbewusstsein, indem du dir deine eigenen Erfolge bewusst machst. Auch dies ist eine schöne Routine für den gelungen Abschluss eines erfüllten Tages.

3. **BEZIEHUNGEN:** Glücksstudien haben herausgefunden, dass erfüllte Beziehungen der Glücksfaktor Nummer 1 sind. Nimm dir Zeit für die lieben Menschen in deinem Leben – seien es deine Eltern, deine Kinder, dein Partner oder deine Freundinnen und Freunde. Setze die Priorität dieser gemeinsamen Qualitätszeit mit deinen Lieben ganz hoch an.

Bewusstsein für Mensch und Natur

DÜFTE UND WIE DU MIT IHNEN GLÜCKLICH WIRST

Natürliche Pflanzendüfte haben eine unmittelbare Wirkung auf unsere Gefühle und Emotionen. Sie wirken direkt auf das limbische System in unserem Gehirn, welches der physische Sitz unseres Emotionalkörpers ist. Ist der Duftreiz erst einmal im limbischen System angekommen, werden fast unmittelbar Glücks- oder Stresshormone ausgelöst. Je nachdem, ob du einen Duft als angenehm oder unangenehm empfindest. Der Verstand ist dabei erst einmal außen vor. Erst sehr viel später, wenn die Gefühle schon längst ausgelöst wurden, wird in dir Duft vom Verstand erkannt und benannt.

Magst du den Duft einer Blüte, strömen unmittelbar Glücksgefühle auf dich ein.

Das Riechen kann wie kein anderer Sinn längst vergessen geglaubte Gefühle und Erlebnisse herbeiholen und somit auch glückliche Erinnerungen wecken. Hast du zum Beispiel als Kind für dein Leben gern bei deiner Oma in der Küche gesessen und von ihr oft einen Vanillepudding serviert bekommen, so wird der Duft von Vanille bei dir im Handumdrehen glückliche Gefühle auslösen.
Welche Düfte bei dir positive Gefühle auslösen, hängt von deinen individuellen Glückserfahrungen und den damit verbundenen Düften ab.

Ich möchte dir meine Top 5 ätherischen Öle vorstellen, die bei mir fast unweigerlich Glücksgefühle auslösen. Es ist ein Auszug aus meinem Freude-Parfüm, welches ich gerade in herausfordernden Zeiten immer wieder einsetze:

1. **Grapefruitöl:** Das ätherische Öl steht für unbändige Lebenslust, Freude und die Leichtigkeit des Seins. Mit ihm kannst du besser verstehen, was deine Seele freut.
2. **Öl des Ho-Holzes:** Es führt in die Mitte und lässt uns zum Felsen in der Brandung werden, wenn es mal hektisch, stürmisch und stressig ist im Leben.
3. **Jasminduft:** Er wirkt euphorisierend und sinnlich anregend. Er ermutigt, sich dem Leben hinzugeben und in all seinen Facetten zu genießen.
4. **Mandarinenöl:** Es schenkt wärmende Geborgenheit und lädt zum Kuscheln ein. Als stimmungsaufhellender Duft vermittelt es verspielte Freude und heiteren Lebensgenuss.
5. **Vanille:** Dieser Duft entführt uns in eine Oase der »heilen Welt«. Der vertraute Duft aus der Kindheit vermittelt Geborgenheit und erinnert an die schützende innere Welt des Mutterleibs. Fruchtwasser riecht übrigens leicht nach Vanille.

Du kannst dir nun mit den oben genannten Glücks-Ölen ganz leicht selber ein Körperöl machen. Das hat den großen Vorteil, dass die ätherischen Öle gleich auf zwei Wegen in dein System gelangen: über die Haut und über deinen Geruchssinn. Das ist Glücks-Aromatherapie pur.

Dein Körperöl zum Glück

Als Basis für dein duftendes und glücklich machendes Körperöl nimmst du am besten ein hochwertiges Pflanzenöl aus Kaltpressung und in Bio-Qualität wie zum Beispiel Mandelöl, Aprikosenöl oder Jojoba.

- 100 ml hochwertiges Pflanzenöl
- 8 Tropfen ätherisches Grapefruitöl
- 8 Tropfen ätherisches Mandarinenöl
- 8 Tropfen ätherisches Jasminöl (10 %ig verdünnt in Jojoba)
- 2 Tropfen ätherisches Ho-Holzöl
- 2 Tropfen Vanilleöl

Die ätherischen Öle in einen leeren Pumpspender träufeln und mit dem Pflanzenöl auffüllen, schütteln, fertig!

Am besten trägst du dein Körperöl direkt nach dem Duschen auf die noch feuchte Haut auf, so kann es wunderbar einziehen und hinterlässt keinen Fettfilm.

Achtung:
Das ätherische Grapefruit- und Mandarinenöl kann in der Sonne phototoxisch wirken, deshalb direkt nach dem Verwenden des Körperöls die Sonne meiden.

WERDE ACHTSAM MITHILFE DER NATUR

Achtsamkeitstraining ist im Endeffekt nichts anderes als die Schulung des Geistes, um damit die eigene Präsenz zu erhöhen und einen bewussteren Umgang mit allem und jedem zu pflegen. Ein bewusster Mensch pflegt dadurch automatisch einen achtsameren Umgang mit seiner Umwelt.

Das beginnt oft ganz einfach damit, dass du beginnst, bewusster zu atmen, also auf deine Atmung zu achten, die ganz von selbst und automatisch geschieht – sie geschieht unbewusst. Müsstest du daran denken, dass du atmest ... tja, du würdest wohl recht schnell ersticken. Beim Achtsamkeitstraining machst du dir all die Dinge bewusst, die ohnehin da sind, immer da waren und ganz von selbst geschehen. Womit wir wieder beim Wunder Leben sind, das sich in jedem Augenblick mit oder ohne unser bewusstes Zutun entfaltet. Der einzige Unterschied, wenn du anwesender, also bewusster bist, ist, dass du ein aktiver Teil dieser schöpferischen Kraft wirst, ein bewusster Mitgestalter anstatt »Opfer« der Umstände.

Um deine Achtsamkeit, also dein Bewusstsein zu schulen, braucht es vor allem den Aspekt der Wahrnehmung. Aber was ist Wahrnehmung genau und wie unterscheidet sie sich von Interpretation? Ein System, das diese Bereiche für das Coaching revolutioniert hat, ist das NLP (Neuro-Linguistisches Programmieren). NLP hat sozusagen die sinnesspezifische Wahrnehmung für die Realitätsgestaltung – das VAKOG – erforscht und als Grundlage von Veränderungsarbeit eingebracht. VAKOG ist die Abkürzung für den visuellen (Sehen), auditiven (Hören), kinästhetischen (Fühlen), olfaktorischen (Riechen) und gustatorischen (Schmecken) Sinneskanal. Mithilfe dieser Sinne erfährst du deine Realität und vermagst sie auch entsprechend zu ändern. Was an sich ja ein Paradoxon ist. Denn wenn es die Realität gäbe, wäre sie ja unabänderlich. Aber ganz offensichtlich gibt es so etwas wie die eine Wahrheit nicht, woraus sich ergibt, dass jeder Mensch seine eigene Realität und Wirklichkeit hat.

Erkenne, welcher Wahrnehmungstyp du bist

Anhand deiner Wortwahl kannst du erkennen, welches dein bevorzugter Wahrnehmungskanal ist. **Achte einmal darauf, mit welchen Worten und Redewendungen du deine Erlebnisse beschreibst.**

- **Visuell:** Häufig verwendete Worte: sehen, durchblicken, klar, vorstellen Typische Redewendungen: Ich blicke da nicht durch. Das sieht gut aus. Ich sehe das aus einem anderen Blickwinkel.

- **Auditiv:** Häufig verwendete Worte: hören, klingen, besprechen, verstehen. Typische Redewendungen: Das hört sich gut an. Das klingt aber gar nicht gut.

- **Kinästhetisch:** Häufig verwendete Worte: begreifen, anfassen, spüren. Typische Redewendungen: Ich bekomme das in den Griff. Das fühlt sich gut an. Dabei wird mir ganz warm ums Herz.

- **Olfaktorisch:** Häufig verwendete Worte: riechen, Nase, verduften. Typische Redewendungen: Das riecht ja förmlich nach Ärger. Die Sache stinkt zum Himmel. Da hast du einen guten Riecher gehabt.

- **Gustatorisch:** Häufig verwendete Worte: schmecken, genießen. Typische Redewendung: Diese Aussage schmeckt mir ganz und gar nicht.

Deine Wahrnehmung wird intensiver, wenn du deine stärksten Wahrnehmungskanäle kennst und sie bewusst einsetzt.

WIE WIRKLICH IST DIE WIRKLICHKEIT?

Eine Bewusstseins-Grundannahme besagt: »*Wir können die Wirklichkeit nicht wahrnehmen und machen uns unsere eigenen Abbilder davon.*« Da jeder Mensch einzigartig ist, macht er sich sein eigenes Bild von der Wirklichkeit. Dies erfolgt über die 5 Sinneskanäle, die nichts anderes als Sensoren unseres Körpers sind, welche das Gehirn mit Informationen aus dem Außen versorgen. Unser Gehirn konstruiert aus diesen Informationen eine halbwegs beständige und Sinn gebende Repräsentation der Sinneseindrücke, was wir dann Realität nennen. Aber so, wie die Anzeige auf dem Thermometer nicht die gefühlte Temperatur ist, weil wir die Temperatur individuell wahrnehmen, ist das, was uns unsere Sinne vermitteln, nicht die Wirklichkeit. Unsere Sinneswahrnehmungen sind also Messgeräte und nicht die Realität selbst. An diesen Gedanken muss man sich natürlich erst einmal gewöhnen. Dass sich dann daraus so viele individuelle Abbilder ergeben, kommt daher, dass diese Sinneseindrücke auf dem Weg zum Gehirn verschiedenste Filter durchlaufen, welche das Wahrgenommene sehr stark prägen. Je nachdem, in welchem Land, innerhalb welcher Kultur du geboren wurdest und wie du grundsätzlich als Kind aufgewachsen bist, magst du ein und dasselbe völlig anders sehen und wahrnehmen als ein anderer Mensch.

Ein Beispiel: Wenn ein erwachsener Mann mit langem Bart splitternackt durch Wien läuft und dabei fröhlich tanzt und singt, so ist er in den Augen der meisten ein Verrückter. Die Realität ist dann, dass dieser arme Mann leider wahnsinnig geworden ist und am besten in die nächste Nervenklinik eingeliefert gehört. Die haargleiche Szene in den Straßen von Delhi in Indien mag dabei eine völlig andere Wirklichkeit erschaffen. Hier wird dieser Mann plötzlich als Heiliger, als Sadhu, verehrt und es wird nicht lange dauern, bis er eine angesehene Folgschaft an Schülern hinter sich vereinigt. Sadhus erkennt man daran, dass sie jeglichem Irdischen, Materiellen entsagen – auch der Kleidung. Was davon stimmt jetzt?

Du siehst, Realität hat sehr viel mit Bedeutungsgebung zu tun – etwas, was irrsinnig schnell und unbewusst geschieht. Und du wirst auch immer

In Indien werden die Heiligen, die Sadhus, geachtet und verehrt. Sadhus streben nach Erlösung und widmen sich ausschließlich der Meditation und Kontemplation.

nur das wahrnehmen – sehen, hören, riechen, schmecken –, was für deinen Geist, für deine Realitätsgestaltung relevant ist. Weißt du, wie viele Eindrücke pro Sekunde auf dich bewusst wie unbewusst einwirken? Die Wissenschaft hat das gemessen und kommt auf etwa 11.000.000 Eindrücke pro Sekunde. Was glaubst du, wie viele du davon bewusst wahrnimmst? Es sind erschütternd wenig – nämlich gerade einmal 20–50 Eindrücke pro Sekunde. Das gleicht in etwa der Länge eines Fingernagels im Verhältnis zu einer 15 km langen Strecke. Das unterstreicht die Grundannahme, dass das Unterbewusste sehr viel mächtiger ist als das Ich-Bewusstsein.

WIE DU DEINE SINNE SCHULST

Die Bedeutung von Wahrnehmung spielt also eine äußerst große Rolle, wenn es um Achtsamkeitsübungen geht – egal ob in deinem Zimmer oder draußen in der Natur. Je mehr du dir dieses Vorganges bewusst wirst, desto achtsamer wirst du wiederum mit deiner Umgebung und damit auch mit dir selbst umgehen. Eine Übung, die dir dabei hilft, deine Sinne zu schulen und Raum für mehr Bewusstsein zu schaffen, kommt aus den Wildnisschulen. Dem Bereich, wo Naturvölker, wie die Indianer, sich darin übten, wachsamer zu werden und dabei zugleich mit dem lebendigen Feld der Natur in bewusste Verbindung gingen.

Sobald wir jetzt zu diesem unmittelbaren Erleben eines Ereignisses eine Bedeutung hinzugeben oder über innere Vorgänge mutmaßen, interpretieren wir bereits. Wir geben der Wahrnehmung eine Bedeutung hinzu und erschaffen damit eine bestimmte Wirklichkeit. Sobald wir also von der bloßen Beschreibung des sinnlich Erfahrbaren abweichen und auf innerliche Befindlichkeiten, Gründe und Absichten eines anderen Menschen schließen, interpretieren wir. Das beginnt genau genommen schon dort, wenn man behauptet, jemand »lächle« obwohl wir eigentlich nur beobachten können, dass dieser Mensch die Mundwinkel nach oben gezogen hat. Zugegebenermaßen kann man, alle Sinne miteinbezogen, sich selbst schon zumuten, richtig »wahrzunehmen«, ob jemand jetzt lächelt oder nicht. Aber wieder spätestens ab dem Zeitpunkt, wo man ver-

> Wann nimmst du einfach nur deine Umgebung wahr und wann interpretierst du?

sucht, ein echtes von einem falschen Lächeln zu unterscheiden, öffnet man der Interpretation wieder alle Türen.

Ein wesentlicher Punkt, der dabei hilft, Wahrnehmung von Interpretation zu unterscheiden, ist die Frage: »Könnten das, was ich gerade beobachte, auch andere Menschen beobachten? Also, wenn sie genau hinschauen, könnten sie dann das Gleiche sehen wie ich?« Wenn die Antwort hier »Ja« lautet, ist man auf der Wahrnehmungsebene.

Meditation der Sinne

Wofür diese Übung gut ist:
- Trainiere und schärfe deine Sinne
- Fördere deine Entspannung und innere Gelassenheit und löse deine Ängste
- Stärke dein „Flow-Gefühl", nimm dich als Teil eines großen Ganzen wahr
- Schule deine Präsenz und nimm wahr, was ist
- Gehe in näheren Austausch mit dem Natur-Raum

1. Ankommen – den Körper spüren

Richte dich ein. Setze oder stelle dich bequem hin. Dann richte deine Aufmerksamkeit ganz zu deinen Füßen. Nimm ihre innewohnende Lebendigkeit war. Spüre deinen Körper also ganzheitlich durch. Nimm dir dafür die Zeit die es braucht, damit du in deinem Körper und damit am Ort ankommst und wirklich da bist.

2. Ganzheitliches Sehen

Nun richte deinen Blick auf den Horizont. Wenn du den Horizont nicht sehen kannst, dann stelle dir zumindest vor, wo er sein könnte und richte deinen Blick auf diesen fiktiven Horizont. Dein Blick darf dabei „starr" im Sinne von Auf-einen-Punkt-blickend ausgerichtet sein, während du deine Augen gleichzeitig dabei entspannst. Es gleicht dem sogenannten „Luftschlösser bauen"-Blick.
Achte bei diesem Schauen jetzt einfach nur darauf, was alles in dein Gesichtsfeld kommt. Auch, wenn du nichts konkret scharf siehst, kannst du jetzt vielleicht die kleinsten Bewegungen bemerken – z.B. einen Vogel, der auf einem Ast landet, ein Blatt, das sich im Wind bewegt, einen Käfer, der am Boden krabbelt.

Tipp: Vielleicht fällt es dir leichter, diesen peripheren Blick herzustellen, wenn du deine Arme ausgestreckt vor dir zusammenzuführst, sodass die Hände sich in faltender Haltung vor deinem Körper berühren. Dann lass deine Hände langsam, aber stetig nach außen wandern, während dein Blick auf einen Punkt fixiert bleibt. Mache das so weit, dass deine Hände in der äußersten Peripherie gerade noch sichtbar im Sinne von wahrnehmbar bleiben.

3. Ganzheitliches Hören

Das Prinzip ist das gleiche wie beim peripheren Sehen, nur dass du deine ganze Aufmerksamkeit jetzt auf das Hören legst. Hier kann es auch anfangs hilfreich sein, wenn du deine Augen schließt. Stell dir vor, dass du ein einziges großes Rundum-Mikrofon bist, das jedes noch so kleine Geräusch aufzeichnet.

Achte beim Hören darauf, alle Geräusche deiner Umgebung – egal ob ganz nah oder weit weg – wahrzunehmen. Dazu gehört das Vogelgezwitscher um dich herum genauso wie das Bellen eines Hundes in der Nähe oder das leise Rauschen der Autobahn in der Ferne.

4. Ganzheitliches Fühlen

Hier richtest du deine gesamte Aufmerksamkeit auf das Fühlen. Auch hier kann es, ähnlich wie beim Hören, anfangs sinnvoll sein, deine Augen dafür zu schließen.

Das Organ für den Tastsinn, für das Fühlen an sich, ist in erster Linie deine Haut.

Stell dir vor, wie dein ganzer Körper ein einziger Seismograph ist, der jeden noch so kleinsten Windhauch, Regentropfen, jede Temperaturschwankung bis hin zu den feinsten Vibrationen in der Umgebung aufzeichnet. Fühle mit deinem ganzen Körper.

5. Ganzheitliches Riechen und Schmecken

Richte deine gesamte Aufmerksamkeit auf deinen Geruchs- und Geschmackssinn. Wie beim Hören und Fühlen mag es hier anfangs vorteilhaft sein, deine Augen dabei zu schließen. Achte beim Einatmen auf all die vielen Nuancen an Gerüchen, die dich umgeben. Das kann der Geruch von Moos und Waldboden sein, genauso wie von frisch gemähtem Rasen … je nachdem, wo du deinen Platz hast. Du wirst sehen, dass es eine unglaubliche Vielfalt an Gerüchen gibt, die du im Alltag gar nie wahrnehmen würdest.

Ziehe auch bewusst deinen Geschmackssinn mit ein, der sehr eng an das Riechen geknüpft ist. Wie schmeckt die Luft gerade, die du einatmest? Rieche und schmecke mit deinem ganzen Körper.

6. Alle Sinne gleichzeitig – Wache Präsenz

Du kannst jeden Sinn einzeln für sich durchgehen und jedes Mal, wenn du dich auf die Übung einlässt, das Nächste ausprobieren und üben. Du kannst aber auch, wenn es sich für dich gut anfühlt, alles gleichzeitig geschehen lassen. In jedem Fall wird die Übung dir dabei helfen, ganz da, ganz präsent zu sein. Und vielleicht erlebst du dabei sogar den Punkt, an dem du mit deiner Umgebung verschmilzt und eins wirst. Vollkommen aufgelöst und in Trance und gleichzeitig voll da und hellwach – das ist die lebendige Natur in dir.

> Mit allen Sinnen die Natur wahrzunehmen, hilft, ganz präsent im Leben zu sein.

DIE BEGEGNUNG MIT DEM PFLANZENGEIST EINES BAUMES

Wenn du mit einem Baum in tiefen Kontakt kommst, kann es sein, dass dir Bilder erscheinen, bestimmte Situationen auftauchen oder du vielleicht sogar Töne hören kannst. Der Baum nimmt dich sozusagen mit auf eine magische Reise in seine Welt, wo völlig andere Gesetze herrschen. Und ja, es ist die Kraft der Fantasie, die hier wirkt. Sie ist gleichzeitig das Vehikel, das dir alle Türen und Tore öffnet, um die vom Baum vermittelten Botschaften in aller Vielfalt zu empfangen. Sehr oft zeigt sich diese Vielfalt in Form von Geschichten, Symbolen und magischen Bildern. Sie enthalten all die Essenz, die letztendlich nur du selbst entziffern und deuten kannst, damit genau die Art von Entwicklung geschehen kann, die du gerade am nötigsten für dich brauchst.

Dabei ist es wichtig zu wissen, dass die Begegnung mit dem Geist des Baumes eine sehr persönliche, individuelle Erfahrung ist. Die Kraft des Baumes wird sich dir genau so zeigen, wie sie für dich am leichtesten verständlich ist. Sie kleidet sich sozusagen in dein ganz persönliches Seelengewand, das es so nur einmal auf dieser Welt gibt. Lass zu, dass das geschieht, was in diesem Moment geschehen soll, und du wirst eine wundersame und zutiefst heilsame Begegnung mit dem Baum haben.

Die Gefühlsebene der Erde ist eine Grundschwingung liebender Freude. Eines der wichtigsten Dinge, die ich in meinen Wahrnehmungs-Trainings gar nicht oft genug betonen kann, ist, dass das »Bewusstsein« der Natur nicht auf der mentalen, sondern rein auf der emotionalen Ebene angesiedelt ist. Das heißt: Die Grundschwingung der Natur mit all ihren sichtbaren und unsichtbaren Geschöpfen ist rein auf der Gefühls- oder Herzebene spürbar. Marco Pogacnik, einer der bekanntesten Autoren auf dem Gebiet der Naturwahrnehmung, bezeichnet diese Naturschwingung »... *als eine Grundschwingung liebender Freude*«[2] (Pogacnik, Marko: Elementarwesen. Die Gefühlsebene der Erde). Je mehr du in dein eigenes Gefühl, in dein eigenes Spüren kommst, umso mehr fühlst du dich auch verbunden mit allem Lebendigen.

Diese emotionale Dimension der Landschaft ermöglicht es dir überhaupt erst, dass du dich an der Schönheit und Erhabenheit eines Baumes oder einer Blume so sehr erfreuen kannst. Es ist eine Sprache der Gefühle. Es sind letztendlich Gefühlszustände, wonach sich jeder von uns am allermeisten sehnt. Die tieferen Empfindungen von Einssein, All-Verbundenheit, Urvertrauen, innerem Frieden und Liebe. So hilft dir die Natur vor allem bei einem: Zurück zu dir selbst zu finden und dich wieder so richtig zu spüren.

> Im Kontakt mit einem Baum kannst du die Kraft deiner Phantasie erfahren.

DIE DREI GEHEIMNISSE FÜR EINE GANZHEITLICHE NATURERFAHRUNG

Wenn du in einen richtig tiefen Naturkontakt kommen möchtest, ist es gut, deine Aufmerksamkeit auf deine Empfindungen zu lenken:

1. **Vom Denken ins Fühlen – Gegenwärtigkeit**
In dem Moment, in dem du einen Atemzug nimmst, trittst du automatisch in eine heilsame Kommunikation mit deinem natürlichen Umfeld. Der oder das Einzige, was dich manchmal davon abhält, dir dieses Heilungspotenzial zu erschließen, ist dein Verstand. Die meiste Zeit sind wir mit unseren Gedanken entweder in der Vergangenheit oder in der Zukunft und verlieren uns in diesen Gedanken, in dem, was nicht hätte sein dürfen, was noch alles gemacht werden muss usw. Durch solche Gedanken bist du nicht im gegenwärtigen Moment – du bist ab-wesend. Und auch, wenn das Naturfeld bewirkt, dass du an-wesender wirst, kannst du das zusätzlich für dich unterstützen, indem du bewusst in dein gegenwärtiges Fühlen gehst. Ganz nach dem Motto: »Die Energie folgt der Aufmerksamkeit.«
Was siehst du, hörst du, riechst du, spürst du jetzt gerade? Indem du für dich ganz da bist, kannst du beginnen, das Wunder wahrzunehmen, das immer da ist: das Wunder Natur (wovon du selbst Teil bist).

2. **Sei mit deinem Herzen dabei – Herzöffnung**
Indem du bereit bist, dein Herz zu öffnen und in liebevoller Achtsamkeit deinen Garten oder den Wald betrittst oder deine Zimmerpflanze gießt, begibst du dich auf die Schwingungsebene der Natur. Es ist, als ob eine Brücke entsteht, wodurch plötzlich eine lebendige Kommunikation mit der Natur und all ihren Geschöpfen möglich wird. Aber Achtung: Wenn dein Denken zu stark wird, entfernt es dich von dieser Gefühls-Ebene. Grundsätzlich kann man sagen: Je stärker das mentale Feld (also das Denken), desto weniger Verbindung mit der Herzebene und damit mit der Lebendigkeit der Natur.

3. Vertraue deiner Wahrnehmung – Aufmerksame Beobachtung

Wenn du so aufgewachsen bist, dass du Jahre oder gar jahrzehntelang Sätze gehört hast, wie: »*Das gibt es nicht!*«, »*Das bildest du dir nur ein!*«, »*Was für ein Blödsinn!*«, mag es dir schwerfallen Vertrauen in deine Wahrnehmung zu fassen. Gemeint ist mit der Aussage »Vertraue deiner Wahrnehmung«, dass alles, was an Bildern, Gefühlen, Empfindungen, innerem Hören und Sehen kommt – und sei es auch noch so fantastisch –, zugelassen wird. Das ist deine Fantasie, mit der du an der magischen Welt, die dich umgibt, teilhast. Indem die Fantasie wieder frei fließen darf, öffnest du dich für die Gaben, Geschenke, Botschaften und zauberhaften Bilder, die in natürlicher Umgebung auftauchen. Es ist wie ein bewusstes Entgegennehmen der Geschenke, die die Natur dir in jedem Moment macht. Das sind unglaubliche Ressourcen und Hilfen auf deinem Entwicklungsweg, die du hier erhältst.

> »Fantasie ist wichtiger als Wissen.
> Wissen ist begrenzt.
> Fantasie umfasst die ganze Welt.«
>
> Albert Einstein

Nutze jede Gelegenheit, die sich dir bietet, um in den Wald zu gehen.

Bäume als Mentoren

Die folgende Übung zeigt dir, wie du von den Bäumen Kraft, Botschaften und Unterstützung für deine Zielerreichung erhältst.

1. Mache dir dein Ziel und deine Absicht klar

Denke an das Ziel, das du erreichen möchtest. Das kann alles Mögliche sein: zum Beispiel, einen neuen Job zu beginnen, endlich die Reise anzutreten, von der du schon so lange träumst, oder einfach nur dir täglich Zeit für dich selbst zu nehmen. Tu am besten so, als ob du dein Ziel schon erreicht hättest. Stelle dir vor, wo du bist, wenn du dein Ziel lebst, was du tust, wie du es tust, wer da alles daran beteiligt ist, wenn dein Ziel verwirklicht ist.

Wenn es dir schwerfällt, in diesen Zustand zu gehen oder du noch kein klares Ziel für dich hast: Denke an eine Situation in deinem Leben, in der du ein Verhalten zeigst, das du verändern möchtest und wofür du dir, um das zu erreichen, Unterstützung wünschst.

2. Aufbruch – der Weg zum Mentor

Nachdem du dir dein Ziel oder deine Absicht klargemacht hast, gehe damit los. Lass dich von deiner Intuition zu diesem bestimmten Baum führen. Schau, welcher Baum als Erstes auftaucht, welcher Baum sich am stärksten bei dir meldet. Du erkennst das unter anderem daran, dass er dir vielleicht einfach auffällt und du diesen Baum vielleicht gar nicht mehr aus dem Sinn bekommst. Es kann auch sein, dass er wie aus dem Nichts aufpoppt und du einfach weißt: Das ist er! Dabei ist es egal, ob du dich freudvoll berührt fühlst oder vielleicht sogar so etwas wie Widerstand oder Abneigung empfindest. Wichtig ist die Intensität der Begegnung, die darauf hinweist, dass du mit der Kraft in Resonanz gehst, die du für diese Themenlösung gerade brauchst.

3. Mit dem Baum(-wesen) verbinden

Wenn du bei deinem Baum angekommen bist, nimm eine Haltung ein, die für dich angenehm ist. Du kannst dich beispielsweise mit dem Rücken an den Stamm gelehnt zum Baum hinsetzen und einfach entspannen. Wichtig ist, dass du dich dabei wohlfühlst.

Im nächsten Schritt ist es von großer Bedeutung, dass du dich einfach auf dieses Kraftfeld Baum einlässt und dich mit ihm verbindest. Geh dabei ganz in dein Empfinden und achte darauf, was es in deinem Körper macht, wo du die Energie des Baumes in deinem Körper besonders spürst, welche Gedanken auftauchen. Egal, ob du es als Baumseele oder Pflanzengeist bezeichnest, wichtig ist, dass du dich für diese Erfahrung bereitwillig öffnest. Ähnlich wie ein Kind, das in spielerischer Unschuld mit dem Baumwesen kommuniziert, als wäre es ein guter Freund. Sprich: Tu mal so, als ob genau das der Fall ist und du ein Gespräch mit dem Baum beginnst.

4. Fokus und Ausrichtung – Fragen an den Baum

Wenn du in guter Verbindung bist, mach dir noch einmal dein Ziel, deine Absicht oder dein Thema bewusst. Mach dir klar, was du dazu wissen möchtest und stelle dem Baum die entsprechende Frage dazu wie zum Beispiel:

- Wie kannst du mich bei meiner Zielerreichung unterstützen?
- Welche Kraft lässt du mir zukommen, damit ich hier weiterkomme?
- Was ist der nächste Schritt, den ich zu tun habe?
- Was ist jetzt gerade am allerwichtigsten für mich zu tun/zu wissen/zu sehen/zu erfahren?
- Wer oder was im Außen kann mir dabei behilflich sein, mein Ziel zu erreichen.

Du kannst auch ganz simpel eine Bitte äußern:

- Ich öffne mich bereitwillig für deine Kraft und deine Weisheit und bitte um deine Kraft und Unterstützung!
- Ich bitte um eine Botschaft von dir/um ein Bild/ein Symbol/ein klares Zeichen, das mir hilft, besser zu verstehen, was der nächste Schritt ist …

5. Botschaft und Geschenk des Baumes empfangen
Jetzt achte darauf, was geschieht. Achte darauf, welches Gefühl auftaucht und wo es im Körper auftaucht. Vielleicht bekommst du auch ein klares inneres Bild, ein bestimmtes Symbol oder Erinnerungen aus der Vergangenheit. Vielleicht siehst du vor deinem inneren Auge auch nur eine Farbe oder ein Licht. Vielleicht vernimmst du eine Art innere Melodie oder hörst, wie eine Stimme ein bestimmtes Wort oder einen Satz sagt. Auch kann es sein, dass du plötzlich beginnst, an etwas oder jemand ganz Bestimmten zu denken. Auf welche Art und Weise der Baum mit dir kommuniziert, hängt ganz von deinem Charakter und deiner Persönlichkeit ab. Das Zeichen wird genau in der Form zu dir kommen, die du für dich am allerbesten verstehen und deuten kannst.

6. Integration durch kreativen Ausdruck
Wenn du möchtest, kannst du das, was du vom Baum erhalten oder durch ihn erfahren hast, auch noch einmal ganz bewusst in dein Unterbewusstsein bringen. Eine gute Möglichkeit ist es, die Erfahrungen möglichst ohne Interpretationen aufzuschreiben. Bei manchen Menschen kommt das Ganze sogar in poetischer Form oder als Gedicht. Du kannst aber auch beginnen, ein Bild zu malen, ein Symbol, das dir erschienen ist oder auch nur die Farbe auf das Papier bringen, die du gesehen hast. Und wenn du musikalisch begabt bist, mag es sogar sein, dass dir eine Melodie einfällt, die du auf deinem Instrument nachspielen möchtest.
Egal was und wie: Alles hilft dir dabei, das vom Baum Erhaltene klarer und sichtbarer zu machen und damit bewusst in dein Leben zu integrieren. In jedem Fall kannst du jetzt, nach der Übung, darauf schauen, was für einen Unterschied bezüglich deines Zieles du für dich feststellen kannst. Was ist jetzt anders, klarer, eindeutiger, als es vorher war? Du magst erstaunt sein, wie viel an Veränderung alleine nur durch diesen Baumkontakt schon geschehen ist. Und das Schöne dabei ist: Du kannst den Baum immer wieder aufs Neue aufsuchen und ihn weiter befragen.

DEINE DUFTVORLIEBE ZEIGT DIR, WO DU STEHST

Deine Vorliebe und Wahrnehmung von Düften kann dir helfen zu erkennen, wo du gerade in deiner Entwicklung stehst und was es für deinen nächsten Entwicklungsschritt braucht. Ob du einen Duft als angenehm, unangenehm oder sogar ekelig empfindest, gibt dir Aufschluss darüber, wie der Duft dich auf deiner persönlichen Entwicklungsreise unterstützen kann.
Ein Duft, den du so lecker findest, dass du dich in ihm baden könntest, ist in jedem Fall eine ganz starke Ressource für dich. Er erinnert dich daran, was in dir steckt und ist dir ein ganz kraftvoller Wegbegleiter. So könnte es sein, dass der Duft der roten Mandarine dich schier vor Entzücken aufseufzen lässt. Dann ist es für deine weitere Entwicklung gerade ganz wichtig, dich mit dieser spielerischen Freude und Leichtigkeit der roten Mandarine zu umgeben. Dieser Duft ist dann dein Ressourceduft. Er unterstützt dich bei all deinen Vorhaben und Zielen. Du kannst ihn immer einsetzen, wenn es mal herausfordernd in deinem Leben ist. Ich nenne diese Ressourcedüfte auch gerne »Leckerdüfte«.

Empfindest du einen Duft eher als neutral, dann ist diese Qualität in deinem System bereits gesättigt und dieser Duft spielt gerade keine Rolle für dich.
Fordert dich ein Duft ein klein wenig heraus, dann ist dies ein »Arbeitsduft«, der dir ein Thema aufzeigt, hinter dem gerade ein großes Wachstumspotenzial liegt. Wenn dich beispielsweise deine Zerstreutheit davon abhält, deine Gaben fokussiert in die Welt zu bringen, dann könntest du die Zypresse als einen leicht herausfordernden Duft empfinden. Vielleicht nimmst du sie dann als zu herb wahr. Die Zypresse steht für Fokus und Klarheit. Hier lohnt es sich, der Zypresse eine Chance zu geben.
Lehnst du einen Duft ganz stark ab, kann es sein, dass dieser Duft mit einer sehr alten und tiefen Verletzung deiner Seele in Verbindung steht. Dein System schützt dich vor einer zu starken Konfrontation mit dieser Verletzung. Dein Körper zeigt dir, dass du noch viel mehr Kraft und Stabilität brauchst,

um dich dieser Verletzung zu stellen. Diese »Ekeldüfte« empfehle ich vorerst außer Acht zu lassen.

Duftvorlieben können sich ändern mit der Zeit. An ihnen erkennst du, ob ein Thema bereits gelöst ist. Konntest du beispielsweise einen Duft gar nicht riechen, findest ihn aber nach einer gewissen Zeit sogar angenehm, dann bist du gut durch den Prozess deines Entwicklungsthemas gegangen und der Duft hat seine Arbeit getan.

Deine persönliche Duftvorlieben

Nimm dir doch mal fünf ätherische Öle vor und erkunde deine Duftvorlieben. Dazu schreibe dir den Namen des ätherischen Öles auf und mache ein Kreuz in der jeweiligen Spalte, die deinem Dufteindruck entspricht. In den Klappen dieses Buches findest du eine Aufstellung der Entwicklungsthemen der einzelnen ätherischen Öle. Schau nach dem Riechen doch gleich mal, welche Qualität das von dir getestete Öl hat.

Duftname	sehr angenehm	angenehm	neutral	leicht unangenehm	extrem unangenehm

MIT DÜFTEN DIE SEELE BERÜHREN

Natürliche Pflanzendüfte wirken unmittelbar auf unsere Gefühlswelt und schaffen so einen Zugang zu unserer Seele. Mithilfe deiner individuellen Vorlieben für bestimmte Düfte kannst du dich selbst besser kennenlernen. Eine Begegnung mit dem Wesen eines Duftes kann dir helfen, noch mehr in der Essenz deines eigenen Wesens anzukommen.
Pflanzendüfte können dir auch dabei helfen, dein Bewusstsein zu erhöhen und damit dein innewohnendes Potenzial in seiner ganzen Kraft und Schönheit zu entfalten. Ätherische Öle haben eine starke Wirkung auf das Unterbewusstsein und können alte Erinnerungen ins Bewusstsein holen. Sie können somit alten Seelenschmerz nach oben bringen, damit er angeschaut und dadurch geheilt werden kann.

Die Rosengeranie ist beispielsweise ausgesprochen wirksam darin, Verletzungen aus gescheiterten Liebesbeziehungen ans Tageslicht zu holen, damit diese in Dankbarkeit und Vergebung losgelassen werden können. Oftmals ist es erst dann wieder möglich, sein Herz erneut für die Liebe zu öffnen.
Wir wollen immer so gern, dass nur die schönen Dinge gesehen und erlebt werden. Doch gerade die schmerzhaften und prägenden Erfahrungen lassen uns wachsen. Die Düfte wirken sehr komplex und tiefgreifend. Sie bringen gleichzeitig die Kräfte mit, die es erleichtern, dass wir durch solche Wachstumsprozesse gut durchgehen können. Die Rosengeranie lenkt deinen Blick beispielsweise wieder auf die »rosigen« Zeiten in deinem Leben und gibt dir die Sicherheit, das Vertrauen und die Geborgenheit zurück, die du damals verloren hattest.

Ein höheres Bewusstsein geht immer einher mit einem achtsamen Umgang mit sich selbst und seiner Umwelt, also den Menschen, Tieren oder auch der Natur. Düfte sind ein wunderbares Mittel, um die eigene Achtsamkeit zu schulen. Sobald du eintauchst in den Raum deines Duftes, ist dein ganzes Bewusstsein auf das sinnliche Wahrnehmen deines Duftes ausgerichtet. Es ist gar kein Platz für Alltagsgedanken, Sorgen oder Zweifel. Es geht allein um das Wahrnehmen und sinnliche Erleben deines Ressourceduftes. Du bist automatisch im Hier und Jetzt. Schon bald wirst du merken, wie dein Ressourceduft etwas mit dir macht. Vielleicht fühlst du dich leichter, fröhlicher oder merkst, wie du vom Leben getragen wirst. Es geht in diesem Moment nur um dich und deine Wahrnehmung.

Düfte können dich auch dabei unterstützen, tiefer in Meditation einzutauchen und in den Kontakt mit deiner Seele zu treten.

Diffuser-Rezept für tiefe Meditation

Ätherisches Orangenöl lädt zur Hingabe und zum Fallenlassen ein. Neroliöl (Orangenblüte) löst den Stress in besonders emotionalen Lebenssituationen und bringt in die Entspannung nach einem anstrengenden Tag. Das ätherische Weihrauchöl bringt Ruhe in die Gedanken, vertieft meditative Zustände und verbindet mit dem Göttlichen.

- 3 Tropfen Orange
- 2 Tropfen Neroli
- 1 Tropfen Weihrauch

Die ätherischen Öle nacheinander in den Diffuser oder die Duftlampe einträufeln.

Düfte laden dich ein in eine Welt der Sinnlichkeit.

WIE DÜFTE MIT DIR KOMMUNIZIEREN

Die Düfte helfen dir, die Stimme deiner Seele besser hören zu können. Anhand deiner Duftvorlieben kannst du erkennen, wo du gerade stehst. Am Anfang meiner Auseinandersetzung mit den Pflanzendüften konnte ich die Bergamotte kaum ertragen. Obwohl sie ja eigentlich ein ganz frischer Duft ist, hatte sie für mich einen modrigen Beigeschmack. Erst kürzlich bin ich draufgekommen, was das für mich zu bedeuten hat: Die Bergamotte ist ein Duft, der wie mit einer Taschenlampe in die tiefsten Tiefen der Seele leuchtet und schaut, was es dort noch zu lösen gibt. Sie taucht dort ziemlich ins Dunkel ab und holt auch nicht so schöne Erfahrungen ans Licht. Doch genau das ist wichtig, damit diese Dinge angeschaut und geheilt werden können. Ich war viele Jahre als Glücks-Coach auf der sonnigen Seite des Lebens unterwegs und wollte mich mit meiner Dunkelheit nicht auseinandersetzen. Ich habe die Bergamotte als unangenehm empfunden, dabei wollte sie mir nur helfen, mich in meiner Ganzheit anzunehmen und auch die nicht so angenehmen Seiten von mir liebevoll anzunehmen. Nachdem ich mir dessen bewusst geworden bin, kann ich die Bergamotte auch wieder richtig »gut riechen«.

Je mehr du deine Wahrnehmung mithilfe der Düfte schulst, desto besser kannst du ihre Botschaften an dich verstehen. Die seelische Wirkung der Düfte, die ich in diesem Buch auf den Umschlagseiten beschreibe, ist die Schnittmenge der Erfahrungen vieler Menschen. So fließen meine Dufterlebnisse, die meiner Klienten und Teilnehmer und die von anderen Aromaexperten mit ein. Auf dich persönlich können die Düfte aber noch ganz anders wirken. Deshalb ist es so kraftvoll, wenn du dich ganz individuell auf die Kommunikation mit den Düften einlässt.

»Der Duft der Dinge ist die Sehnsucht, die sie in uns nach sich erwecken.«

Christian Morgenstern

Deine Duftmeditation

Gib 5–6 Tropfen des ätherischen Öls, das du erforschen möchtest, in eine Duftlampe oder einen Diffuser. Du kannst auch nur einen Tropfen des ätherischen Öls auf einen Duftstreifen oder ein Taschentuch träufeln.

Stelle sicher, dass du jetzt eine Viertelstunde lang Zeit hast, um diese Duft-Entdeckungsreise in aller Ruhe anzutreten. Lege dich lang ausgestreckt hin oder mache es dir im Sitzen bequem. Sorge dafür, dass dir warm, wohl und behaglich ist.

Ich stelle dir jetzt Fragen zu deinem Duft. Lass sie ganz entspannt auf dich wirken und nimm wahr, was dein Duft dir offenbaren möchte.

- Was ist dein erster Eindruck von dem Duft? Magst du ihn oder eher nicht?
- Welche Duftqualität nimmst du wahr? Ist es eher ein lieblicher, ein blumiger, ein holziger, ein erdiger oder ein harziger Duft?
- Wenn der Duft eine Farbe hätte, welche Farbe wäre das?
- Erscheinen dir innere Bilder? Oder siehst du einen Film vor deinem inneren Auge?
- Welche Form erscheint dir passend zu dem Duft? Ist der Duft eher spitz oder rund?
- Wirkt der Duft eher kühl oder warm?
- Wo in deinem Körper spürst du den Duft am ehesten?
- Was spürst du in deinem Körper, wenn du mit dem Duft in Verbindung gehst? Ist es ein Prickeln, Schwere, Leichtigkeit, Enge, Helligkeit, Dunkelheit?
- Was löst der Duft bei dir aus?
- Welche Gefühle kommen hoch?
- Kommt dir der Duft bekannt vor?

ENTFACHE UNBÄNDIGE LEBENSKRAFT

Wie wäre es, wenn du ganz in deiner ureigenen Energie bist? Wenn du dein Leben lebst, ganz vollkommen du selbst bist? Eine gute Möglichkeit, dies zu erreichen, ist, in die feinstoffliche Ebene der Energien einzutauchen und aus ihr zu schöpfen. Du bist umgeben von unendlicher feinstofflicher Lebensenergie, auch »Prana«, »Lebenskraft« oder »Lebensatem« genannt. Die Energiezentren in deinem Körper dieser feinstofflichen Lebensenergie werden als »Chakren« bezeichnet. Das Wissen über diese Energiezentren kann dich dabei unterstützen, deine Lebenskraft zu entfachen.

Das Wissen über die Chakren kommt ursprünglich aus Indien. Aus dem Sanskrit übersetzt, heißt »Chakra« Kreis beziehungsweise Rad. Chakren sind feinstoffliche Energiewirbel, die sich entlang der Wirbelsäule im Energiefeld des Menschen befinden. Durch ihre Kreisbewegungen ziehen sie kosmische Energie (Prana) an und verteilen sie im feinstofflichen Körper des Menschen. Auf diese Weise haben sie Einfluss auf die Funktion unserer Körperorgane und im mentalen Bereich auf unsere Gefühle und Gedanken. Heilsame Chakren-Arbeit führt zu körperlicher, geistiger und seelischer Gesundheit. Sind die Chakren in Balance, bist du ausgeglichen und im Reinen mit dir selbst und deinem Leben.

»Der Körper ist der Übersetzer der Seele ins Sichtbare.«

Christian Morgenstern

MITHILFE DER CHAKREN IM LEBEN WEITERKOMMEN

Die Chakren können dir helfen, Aspekte deines Selbst besser zu verstehen. Jedes der sieben Chakren steht für einen bestimmtes Thema in deinem Leben. Das kann zum Beispiel das Thema Urvertrauen (Wurzelchakra), Erfolg (Solarplexuschakra) oder Selbstliebe (Herzchakra) sein.

An den Chakren kannst du erkennen, wo du gerade stehst in deinem Leben und was es für deine Weiterentwicklung braucht. Was sind deine Lebensbereiche, in denen es nicht rundläuft? Diese Bereiche kannst du stärken und ausgleichen. Dazu findest du in Kapitel 4 (Seite 105 ff.) konkrete Übungen, Meditationen und die dich dabei unterstützenden ätherischen Öle.

Durch äußere Einflüsse, wie Leistungsdruck in der Arbeit, traumatische Ereignisse wie eine Scheidung oder Trennung oder herausfordernde Situationen, wie zum Beispiel ein Beziehungskonflikt, kann es zu Blockaden in den Chakren kommen. Die Chakren können dann ein »Zuviel« oder ein »Zuwenig« an Energie haben.

Blockierte Chakren weisen auf »Baustellen«, auf wichtige Themen in unserem Leben hin. Oft sind sie verbunden mit unangenehmen Gefühlen und schlechten Zuständen. Es ist ganz natürlich, diese so schnell wie möglich wieder loswerden zu wollen. Diese schlechten Gefühle können schon eine ausreichende Motivation dazu sein, wirklich etwas im Leben zu ändern.

Die Beschreibungen der Chakren, die in Balance sind, können dir auch deine Sehnsüchte verdeutlichen. Das ausbalancierte Herzchakra steht zum Beispiel für Herzheilung und Herzöffnung. Vielleicht haben dich bisher deine Verletzungen aus vergangenen Beziehungen von deiner größten Sehnsucht, eine innige und erfüllte Beziehung zu führen, abgehalten? Dann weißt du, mit welchem Chakra du starten kannst.

Die Bezeichnung
der sieben
Hauptchakren.

Die 7 Chakren und ihre seelische Wirkung

1. Das Wurzelchakra
Lebensthemen: Urvertrauen, Überleben, Sicherheit, Herkunft, Erdung, Stabilität
In Balance: Geerdet sein, mit beiden Beinen fest im Leben stehen, sich wohl in seinem Körper zu fühlen, gesunde Beziehung zum Geld, ungezähmte Lebenskraft
Blockiert: fehlender Halt im Leben, Kraftlosigkeit, Existenzängste
Düfte: Vetiver, Zeder, Narde, Karottensamen, Immortelle

2. Das Sakralchakra oder Sexualchakra
Lebensthemen: Genuss, Sexualität, Sinnlichkeit, Schöpferkraft, Kreativität
In Balance: Ideenreichtum, erfüllte Sexualität, im Hier und Jetzt sein, Fluss des Lebens folgen, genießen können
Blockiert: Sorgen, Eifersucht, Schuldgefühle, Gefühle unterdrücken, Scham in der Sexualität,
Düfte: Benzoe, Blutorange, Gewürznelke, Sandelholz, Tonkabohne, Vanille

3. Das Solarplexuschakra oder Nabelchakra
Lebensthemen: Umsetzung, Willenskraft, Energie, Selbstbewusstsein, Erfolg
In Balance: Gesundes Selbstvertrauen, Begeisterung, in Fülle leben, klares Bauchgefühl, Spontanität
Blockiert: Selbstzweifel, Entscheidungsproblem, Kontrollzwang, Angst vor Veränderungen
Düfte: Anis, Ingwer, Muskatellersalbei, Rosmarin, Pfeffer, Thymian, Zitrone

4. Das Herzchakra
Lebensthemen: Liebe, Mitgefühl, Freude, Heilung,
Harmonie, Glückseligkeit, Dankbarkeit
In Balance: Kann Liebe zulassen, gesunde Selbstliebe,
Großzügigkeit
Blockiert: Gefühlskälte, Vorurteile, Trauer, Streitigkeiten,
Angst vor Gefühlen
Düfte: Champaca, Rose, Davana, Douglasie, Ylang-Ylang

5. Das Hals- oder Kehlchakra
Lebensthemen: Selbstausdruck, Kommunikation, Wahrheit
In Balance: Gute Kommunikationsfähigkeit, wortgewandt,
künstlerischer Ausdruck wie Singen,
Nein sagen können
Blockiert: Schüchternheit oder Geschwätzigkeit,
fällt schwer, Bedürfnisse auszudrücken
Düfte: Cajeput, Kampfer, Myrthe, Niaouli,
Ravensara, Salbei

6. Das Stirnchakra oder das 3. Auge
Lebensthemen: Intuition, Licht, Vision, Vorstellungskraft, Manifestation
In Balance: Wacher Verstand, kreativ und visionär, Achtsamkeit
Blockiert: Unkonzentriertheit, mentale Überlastung,
Lern- und Konzentrationsschwierigkeiten
Düfte: Kamille blau, Lorbeer, Schafgarbe,
Wacholderbeeren, Zitronengras

7. Das Kronenchakra
Lebensthemen: Bewusstsein, Einheit, Erwachen, Bestimmung,
Spiritualität, Lebenssinn
In Balance: Anbindung ans Göttliche, im Einklang mit
sich und der Welt
Blockiert: Gefühl von Sinnlosigkeit, Verzweiflung,
Weltschmerz, innere Leere
Düfte: Angelikasamen, Johanniskraut,
Veilchenblätter, Weihrauch

Lasse es dir so
richtig gut gehen und
feiere das Leben.

Dein Körper – Tempel deiner Seele

Geht es deinem Körper gut, hat die Seele, Lust, darin zu wohnen. Dein Körper ist der Tempel deiner Seele. Wenn du ihn achtest und ehrst, dann führt das unweigerlich zu einem bewussten und glücklichen Leben ganz im Einklang mit deinem Geist und deiner Seele.

TRITT IN AUSTAUSCH MIT DEINEM KÖRPER

Wenn es dir gelingt, deinem Körper zu lauschen, kann er dir wichtige Hinweise geben, wo du vielleicht grad nicht ganz bei dir bist und was es braucht, damit du wieder in dein inneres Gleichgewicht zurückkommen kannst.

An volkstümlichen Beschreibungen bestimmter Körpersymptome kannst du erkennen, wo dein Körper-Geist-Seele-System aus dem Gleichgewicht gekommen ist und wo du für deine Heilung ansetzen kannst. So deutet beispielsweise ein »Kloß im Hals« darauf hin, dass es Zeit ist, bestimmte Bedürfnisse auszusprechen. Wenn dir eine »Laus über die Leber läuft«, weist das darauf hin, dass unterdrückte Wut gesehen und transformiert werden will. Ein »steifer Hals« oder »steife Gelenke« können ein Zeichen dafür sein, dass es mehr Flexibilität in deinem Leben braucht, um voranzukommen. Symptome, Schmerzen und Unbeweglichkeit tauchen dann auf, wenn du dich von dem natürlichen Fluss deines Lebens abwendest. Ein Wieder-Anbinden an deine Körperintelligenz schenkt dir nicht nur mehr liebevolle und achtsame Nähe zu dir selbst, sondern auch zu deinen Mitmenschen.

Düfte zeigen dir auf, was dein Körper gerade braucht.

Was sagen dir deine körperlichen Symptome?

Welche körperlichen Symptome begleiten dich momentan?
Schreibe sie dir hier auf und notiere dir, was sie dir sagen wollen:

- ....
- ....
- ....

Halte regelmäßig am Tag inne und frage dich: »Wie geht es mir gerade? Was spüre ich in meinem Körper?« oder »Was brauche ich, damit es mir wieder so richtig gut geht?«. Du wirst sehen, die Antworten kommen ganz unweigerlich. Wenn du darauf hörst, was dein Körper dir sagen will, folgst du ganz bewusst deiner natürlichen Körperintelligenz.

Düfte, die dich noch dabei unterstützen, besser hinzuhören, was dein Körper gerade braucht, sind:
- **Atlas-Zeder:** hilft dir dabei, aus dem Gedankenkarussel auszusteigen und bewusster im Hier und Jetzt zu sein
- **Bergamotte:** unterstützt dich, deine wahren Gefühle zu erkennen
- **Grapefruit:** mit ihr kannst du besser deine körperlichen Bedürfnisse spüren
- **Ingwer:** hilft dir, deine Wünsche zu erkennen und zu verwirklichen
- **Vetiver:** unterstützt dich dabei, ganz authentisch deine Wahrheit zu leben

Man kann mit den Düften an verschiedenen Stellen ansetzen. Indem man bei körperlichen Beschwerden Linderung verschafft und die Heilung beschleunigt, kann man mit den Ölen das zugrundel iegende seelische Thema gleich mit heilen.

SO SPÜRST DU DEINEN KÖRPER

Deinen Körper bewusst zu spüren, ist im Prinzip ganz einfach. Doch oft machen wir es uns selbst zu schwer, weil wir uns zu sehr nach außen ausrichten. Wir fangen an, uns mit anderen zu vergleichen und in den seltensten Fällen lassen wir dann an uns ein gutes Haar.
Indem du den Fokus auf dein inneres Erleben richtest und das Außen mal ganz ausblendest, lernst du die Sprache deines Körpers wieder wertfrei zu verstehen. Wie ein kleines Kind, das staunend die Welt entdeckt, kannst du die Welt deines Körpers und deines spannenden Innenlebens entdecken.

Je mehr du diese »Innenschau« praktizierst und deinem Körper liebevoll begegnest, desto deutlicher und vertrauter wird dir die Sprache deines Körpers werden. Du wirst schneller als je zuvor merken, wenn du aus dem Gleichgewicht gerätst und was es braucht, damit du wieder ganz eins wirst mit dir.
Wenn du die Körperreise, die du gleich kennenlernst, direkt nach dem Aufwachen oder vor dem Einschlafen im Bett praktizierst, wirkt sie besonders gut. Am Morgen kannst du dann gleich ganz bewusst in den Tag starten. Dein Körper wird dir dann zeigen, mit welcher Energie du in den Tag startest und gibt dir die Gelegenheit, ganz gezielt darauf zu achten, was dir tagsüber guttut. Wenn du die Körperreise am Abend vor dem Einschlafen machst, zeigt dir dein Körper, ob der Tag dir gutgetan hat oder ob es etwas gibt, was du noch verändern kannst, damit du noch bewusster dein ganz eigenes Leben führen kannst.

So lernst du die Sprache deines Körpers kennen.

Eine Reise durch deinen Körper

1. **Lege dich ausgestreckt auf den Boden.** Schließe deine Augen und lass deinen Atem ganz entspannt fließen. Sorge dafür, dass dir warm, wohl und behaglich ist und dass du für die Dauer der Körperreise nicht gestört wirst.

2. **Wandere mit deiner Aufmerksamkeit bewusst durch deinen Körper.** Beginne mit den Füßen. Wie fühlen sie sich an? Warm, kalt, schwer oder leicht?

3. **Dann gleite weiter hoch zu deinen Beinen.** Lass dich ganz auf sie ein. Wie fühlen sie sich an? Schwer, leicht, warm oder kalt? Spürst du Verspannungen in den Waden oder Oberschenkeln oder fühlt sich die Muskulatur deiner Beine locker und gelöst an?

4. **Dann wandere weiter zu deinem Bauch.** Wie fühlt sich dein Bauch an? Dunkel oder hell? Spürst du eine Bewegung im Bauch? Ein rhythmisches Pulsieren oder Kreisen oder vielleicht ein Prickeln?

5. **Leite deine Aufmerksamkeit nun zu deinem Brustkorb.** Spüre tief in ihn hinein. Wie fühlt er sich an? Eng oder weit, dunkel oder hell?

6. **Als Nächstes spüre in deinen Hals hinein.** Fühlt er sich eng oder weit an? Hast du einen Kloß im Hals oder kann die Energie fließen? Wenn du einen Ton entstehen lässt, kommt der Ton leicht über deine Lippen oder bleibt er in der Kehle stecken?

7. **Wandere weiter zu deinem Kopf, deinem Gesicht.** Ist es entspannt oder angespannt? Presst du die Zähne aufeinander oder liegen sie locker aufeinander? Fühlt sich dein Kopf leicht und frei an oder kreisen die Gedanken wie wild umher?

Wenn du in der Körperreise Bereiche entdeckt hast, die sich dunkel, schwer oder blockiert angefühlt haben, dann schenke diesen Körperteilen besonders viel Liebe und Aufmerksamkeit bei der folgenden Selbstmassage.

MIT SELBSTMASSAGEN KÖRPER, GEIST UND SEELE IN EINKLANG BRINGEN

Massagen helfen nicht nur, verspannte Muskeln zu lockern und körperliche Schmerzen zu lindern, sie können noch so viel mehr: Indem du körperliche Anspannungen löst, kannst du gleichzeitig die »seelischen Anspannungen« lösen, deine Gedanken können zur Ruhe kommen und deine Gefühle in Harmonie zurückfinden. Über den Körper findest du einen Zugang zu deinem Geist und deiner Seele. Indem du deinen Körper erspürst, kannst du erleben, wo du gerade stehst und was du brauchst, um wieder ganz zu dir zurückzukommen. Du trainierst dich sozusagen mit der Selbstmassage darin, im Hier und Jetzt und ganz bei dir zu sein.

Selbstmassagen sind ein Akt der Selbstfürsorge und Selbstliebe – ein Ausdruck der Wertschätzung deines Körpers. Persönlichkeitsentwicklungsprozesse verlangen dir einiges ab. Da ist es unerlässlich, dass du dir immer wieder etwas Gutes tust, deine Batterien auflädst und deine Selbstfürsorge aktivierst.

Berührungen aktivieren Glückshormone. Auch bei einer Selbstmassage wird das Glücks- und Kuschelhormon Oxytocin freigesetzt. Probiere es aus, die glücklichen Gefühle werden nicht lange auf sich warten lassen.

Mit duftenden Massageölen kannst du die Wirkung der Selbstmassage noch gezielter intensivieren. Ätherische Öle wirken direkt auf das Nervenzentrum im Gehirn – das limbische System. In dieser Emotionsschaltzentrale entstehen unsere Gefühle. So kannst du also ganz individuell während deiner Selbstmassage die für dich unterstützenden Gefühle und Qualitäten in dein Leben »einmassieren«.

Welche Qualitäten möchtest du mehr in dein Leben ziehen? Wobei darf dein Duft dich während der Massage unterstützen? Möchtest du mehr Akzeptanz deines Körpers erreichen? Dann empfehle ich dir, ätherisches Grapefruitöl in deine Massagemischung zu geben. Die Grapefruit lädt dich ein, mit wohlwollenden Augen auf deinen Körper zu schauen. Mithilfe der

Feiere deinen Körper

Möchtest du die Liebe zu deinem Körper noch steigern, dann kannst du während der Selbstmassage deine Aufmerksamkeit darauf lenken, wofür du deinem Körper dankbar bist.

Feiere das Wunder deines Körpers, wie er unermüdlich funktioniert. Dein Körper ist immer für dich da. Schaue bewusst auf die Teile deines Körpers, die du so richtig gern magst und sage es ihnen auch. Das klingt vielleicht erst mal komisch, aber wenn du beispielsweise deinen Füßen dankst, dass sie dich tagein und tagaus durchs Leben tragen oder deinen Po bewunderst und wertschätzt, kommst du Stück für Stück zu mehr Selbstliebe.

Grapefruit kannst du deine körperlichen Bedürfnisse besser erspüren und deinem Körper das geben, was ihn regenerieren und erstrahlen lässt. Genieße dieses Öl der Lebenslust und Freude.

Ich (Diana) wollte gerne meinen Bauch loswerden. Ich hatte in den letzten Monaten ca. 5 kg zugenommen und einen Bauch bekommen. Da mir bekannt war, dass das ätherische Grapefruitöl beim Abnehmen hilft, habe ich zwei Wochen täglich ätherisches Grapefruitöl in meinen Diffuser gegeben und mich beduften lassen. Und was ist passiert? Abgenommen habe ich nur minimal, aber nach den zwei Wochen stand ich eines Morgens vor dem Badezimmerspiegel und merkte, dass ich Gefallen an meinem »kleinen« Bauch gefunden hatte. Ich fand sogar, dass er Ausdruck meiner Weiblichkeit ist. So hat die Grapefruit gewirkt, anders, als ich gedacht hatte. Es war erstaunlich, wie die Grapefruit meine Körperwahrnehmung zum Positiven hin verändert hat.

SO STELLST DU DEIN KÖRPERÖL HER

Welches ätherische Öl du für deine Selbstmassage auswählen solltest, kannst du ganz leicht herausfinden, du brauchst nur deiner Nase zu folgen. Düfte, die du unglaublich »lecker« findest, in die du dich hineinlegen könntest, das sind deine Ressourcedüfte. Sie stärken dich und erinnern dich an dein dir innewohnendes Potenzial. Für dein Massageöl würde ich dir empfehlen, nur solche Leckerdüfte zu verwenden. So kannst du die maximale Wirkung aus deiner Selbstmassage herausholen.

Die Inhaltsstoffe ätherischer Öle werden während der Massage durch die Haut, unser größtes Organ, und unsere Nase aufgenommen. Die Öle gehen direkt ganz tief in unser Körper-Geist-Seele-System und wirken somit ganzheitlich und unmittelbar. Die Natur und ihre Pflanzendüfte streben immer nach Harmonie, nach einem ganzheitlichen Gleichgewicht. Indem wir die ätherischen Öle anwenden, stellen wir unser eigenes harmonisches Gleichgewicht wieder her.

Ätherische Öle sollten nicht pur angewendet werden, da sie hochpotenziert sind und Hautreizungen verursachen können. Eine Ausnahme bildet das ätherische Lavendelöl. Besonders feurige und hautreizende Öle wie Oreganum, Zimtblätter, Thuja, Kampfer sollten nicht in einem Massageöl verwendet werden. Vor einem Sonnenbad sollten ätherische Öle wie die Bergamotte (wenn nicht bergapten-frei), Zitrone und Angelikawurzel nicht verwendet werden. Sie könnten die Lichtempfindlichkeit der Haut erhöhen und zu einem Sonnenbrand führen. Vorsicht auch in der Schwangerschaft mit ätherischen Ölen wie Anis, Davana, Fenchel, Gewürznelke, Melisse, Muskatellersalbei, Rosmarin, Wacholder, Salbei und Zimt. Zur Sicherheit würde ich dir empfehlen, vor der Anwendung einen Blick auf die Kontraindikationen ätherischer Öle zu werfen. So bist du ganz auf der sicheren Seite und kannst die volle Wirkung der ätherischen Öle genießen.

Als Trägeröl für ein Massageöl eignen sich besonders das Aprikosenkernöl und Mandelöl. Beide Basisöle wirken nährend, pflegend auf unsere Haut und sind gleichzeitig hervorragende Dufträger. Aprikosenkernöl zieht schnell in die Haut ein und ist für alle Hauttypen geeignet. Insbesondere für Menschen mit empfindlicher, reifer und trockener Haut ist Aprikosenkernöl sehr empfehlenswert.

Mandelöl wirkt besonders rückfettend und feuchtigkeitsspendend und zieht sehr schnell ein. Es ist für jeden Hauttyp geeignet, ganz besonders für trockene, rissige, juckende und entzündete Haut ist es eine Wohltat. Das Öl dringt tief in die Hornschichten der Haut ein und nimmt die ätherischen Öle mit hinein.

Rezept Massageöl Selbstliebe

Rezept:
- Kopfnote: 5 Tr Grapefruit, 5 Tr Orange, 2 Tr Vanille
- Herznote: 5 Tr Rose (10:90 mit Jojobaöl), 3 Tr Jasmin (10:90 mit Jojobaöl)
- Basisnote: 4 Tr Sandelholz

Zubehör:
- Glasflasche mit Spenderpumpe, 100 ml Fassungsvermögen
- Aprikosenkernöl oder Mandelöl (nativ, bio)
- Glastrichter

Schritt-für-Schritt-Anleitung Massageöl:
1. Tropfe die ätherischen Öle beginnend mit den Basisölen in die Glasflasche.
2. Fülle dann die Glasflasche mit Aprikosenkernöl oder Mandelöl mit dem Glastrichter auf.
3. Setze die Spenderpumpe auf und schüttle die Glasflasche leicht, damit sich alles gut vermischt.

Wirkung: Das blumige, romantische Öl wirkt wie Balsam für deine Seele und fühlt sich wie eine Umarmung an. Der Duft dieses Massageöls möchte dich ermuntern, dein Herz zu öffnen und deine dir innewohnende Schönheit zu sehen und annehmen zu können.

DIE 7-TAGE-SELBSTMASSAGE-CHALLENGE

Wichtig bei der Selbstmassage ist die Wiederholung. Lass die Selbstmassage Bestandteil deiner täglichen Routine werden. Du kannst sie zum Beispiel schon während deiner Dusche am Morgen anwenden. Die Kraft dieser einfachen Routine kann sich auf dein ganzes Leben auswirken. Sobald du mehr in Einklang mit deinem Körper lebst und deine Körperintelligenz mehr und mehr verstehen lernst, wird auch dein Leben immer besser zu dir passen und dir seine Wunder offenbaren.

Starte am besten mit einem Zeitraum von sieben Tagen, in dem du die Selbstmassage in deine tägliche Routine integrierst. Lass die Dauer deiner Massage erst mal kurz sein. Schon 10 Minuten sind ausreichend. Die Wahrscheinlichkeit ist hoch, dass du dann auch nach den sieben Tagen deine Selbstmassage weiterführen möchtest.

Bevor du mit deiner Selbstmassage beginnst, nimm Kontakt zu deiner Körperintelligenz auf. Nimm wahr, was dein Körper dir sagen will. Was braucht er heute? Wie möchtest du dich nach der Massage fühlen? Mit dieser Intention gleitest du ganz natürlich in deine bewusste und wohltuende Massageeinheit.

Selbstfürsorge ist, sich täglich mit einer Selbstmassage zu verwöhnen.

Selbstmassage in 7 Schritten

1. **Nachdem du mit warmem Wasser geduscht hast,** stelle das Wasser ab und nimm eine angenehme Haltung in der Dusche ein. Du kannst dich bequem hinstellen oder hinsetzen.

2. **Trage das Massageöl auf den Scheitel deines Kopfes auf.** Beginne mit langsamen, kreisförmigen Bewegungen deine gesamte Kopfhaut zu massieren. Wenn es dir unangenehm ist, Öl in deinen Haaren zu haben, kannst du diesen Schritt auch ohne Massageöl ausführen.

3. **Gehe anschließend über zu deinem Gesicht** und massiere mit kreisförmigen Bewegungen Stirn, Schläfen, Wangen und Kiefer. Auch die Ohren und Ohrläppchen sollten mit einbezogen werden, da sich dort grundlegende Akupunktur-Punkte und Nervenenden befinden.

4. **Als Nächstes sind die Arme und Beine dran:** Massiere sie mit langen Bewegungen in Richtung deines Herzens. An den Gelenken gehe wieder über in kreisförmige Bewegungen.

5. **Massiere anschließend deinen Bauch** und folge dabei dem natürlichen Verlauf des Darms mit kreisförmigen Bewegungen im Uhrzeigersinn. Anschließend gehe über zu deinen Brüsten und massiere sie mit kreisförmigen Bewegungen von außen nach innen in Richtung der Brustwarzen.

6. **Schließe die Massage ab,** indem du dich in die Duschwanne setzt und die Füße ein paar Minuten lang massierst. An den Füßen befinden sich wichtige Nervenenden und Reflexpunkte, die mit den zentralen Organen des Körpers in Verbindung stehen.

7. **Du brauchst das Massageöl nicht abzuwaschen.** Der Rest zieht ein und entfaltet auch noch nach der Massage seine Wirkung. Wenn du Massageöl in den Haaren verwendet hast, kannst du das Öl mit einem milden Shampoo auswaschen.
Nimm dir nach der Massage einen Moment Zeit, um nachzuspüren, wie sich dein Körper jetzt anfühlt. Nimm ganz bewusst die Veränderung wahr.

BRINGE DEINE ENERGIE ZUM FLIESSEN MIT CHAKREN-DUFT-YOGA

Ein kraftvolles Gespann, um die Körperenergien ins Fließen zu bringen, sind Chakren-Yoga und Düfte. Wenn du merkst, dass du dich schlapp fühlst und einfach nicht so richtig in die Gänge kommst, dann stockt die Energie in deinem Körper und es ist höchste Zeit, sie wieder in Fluss zu bringen.

Die folgenden stärkenden und harmonisierenden Körperübungen helfen dir, wieder in deine Kraft und Mitte zu kommen. Nimm dir am besten jeden Tag eine halbe Stunde Zeit für die Übungen und du wirst sehr schnell bemerken, wie deine Körperenergien wieder zum Fließen kommen und du dich viel fitter fühlst.

Für jede Übung empfehle ich dir ein ätherisches Öl, welches die Wirksamkeit der Übung intensiviert. Du kannst auch die von mir kreierten Chakren-Düfte verwenden, welche du in meinem Online-Shop bestellen kannst. Die Chakrendüfte sind von mir so entwickelt, dass sie das jeweilige Chakra harmonisieren und in Balance bringen.

1.

So bringst du deine Energien wieder in den Fluss.

Chakren-Duft-Yoga

1. ÜBUNG: Wurzelchakra – für Stabilität und Urvertrauen
Zur Vorbereitung dieser Übung trage dir ein ätherisches Öl oder meinen Wurzelchakra-Roll-On entweder auf den unteren Rücken auf der Höhe des Steißbeines oder auf die Fußsohlen auf. Empfehlenswert sind die ätherischen Öle Angelikawurzel, Sandelholz, Vetiver oder Zeder.
Diese Übung „Knie heranziehen" dehnt sanft die untere Rückenmuskulatur, energetisiert den Beckenraum und lässt dich die Verbindung zu deinen Wurzeln und zur Erde spüren. Das schenkt dir ein Gefühl von Stabilität und fördert dein Urvertrauen.
Übungsanleitung: Du startest die Yogasequenz in der Rückenlage. Winkle die Beine an, stelle die Füße auf und hebe den Kopf leicht an. Dann hebe die Beine an, umarme deine Knie und ziehe sie in Richtung deines Oberkörpers. Mit jeder Ausatmung ziehst du deine Beine näher zum Körper und mit jeder Einatmung lässt du wieder locker. Atme so achtmal tief ein und aus und lege dann deinen Kopf, deine Arme und deine Beine wieder sanft ab. Spüre nach.

2. ÜBUNG: Sakralchakra – für Schöpferkraft und erfüllte Sexualität
Die Übung „Krokodil" kannst du mit den ätherischen Ölen Blutorange, Jasmin oder Vanille unterstützen. Trage dir einen Tropfen davon oder meinen Sakralchakra-Roll-On direkt auf das Sakralchakra, drei Fingerbreit unterhalb des Bauchnabels, auf.
Mit dieser Übung werden deine Hüften flexibler, der Brustkorb und die Schultern werden gedehnt, die Energie im Unterleib wird harmonisiert.
Übungsanleitung: Lege dich auf den Rücken und breite auf Schulterhöhe deine Arme neben dem Körper aus, die Handinnenflächen zeigen nach oben. Winkle deine Beine an und stelle sie eng aneinander. Dann versetze dein Becken leicht nach rechts. Lass dann mit der Ausatmung die Beine zur linken Seite kippen. Dein Kopf bleibt in der Mitte. Atme zehn Atemzüge

tief in die rechte Flanke und spüre die angenehme Dehnung. Mit der letzten Einatmung stelle die Beine wieder zurück in die Mitte, versetze dein Becken leicht nach links und lass die angewinkelten Beine nach rechts kippen. Auch in dieser Position nimmst du zehn tiefe Atemzüge, um die Dehnung zu genießen. Stelle deine Beine mit der letzten Einatmung wieder in die Mitte, ausstrecken und nachspüren.

3. ÜBUNG: Solarplexuschakra – für Umsetzung und Willenskraft

Das Solarplexuschakra kannst du in der Übung „Rumpfdehnung" mit den ätherischen Ölen Rosmarin, Litsea Cubeba oder Ingwer unterstützen. Trage dir ein ätherisches Öl deiner Wahl oder meinen Solarplexus-Roll-On direkt auf das Solarplexuschakra, zwei Fingerbreit oberhalb des Bauchnabels, auf. Diese Übung dehnt die Vorderseite deines Körpers und schafft somit mehr Raum und Energie für den Solarplexusbereich. Gleichzeitig werden die Arm- und Oberschenkelmuskeln gedehnt.

Übungsanleitung: Setze dich in den Fersensitz und neige deinen Oberkörper etwas nach hinten. Die Hände stützen sich hinter dem Oberkörper ab, die Finger zeigen zum Körper. Lehne den Oberkörper noch etwas weiter nach hinten, so dass du eine Dehnung in deinen Oberschenkeln spürst und bleibe in dieser Position fünf tiefe Atemzüge lang. Stelle dir eine gelbe Sonne vor, die in deinem Solarplexusbereich scheint, spüre ihre Wärme und Energie in deinem Körper. Dann löse die Position, spüre zwei Atemzüge lang nach und wiederhole anschließend die Übung. Als Gegenposition kannst du dich aus dem Fersensitz heraus nach vorne in die Stellung des Kindes beugen und weitere zwei Atemzüge entspannen.

4. ÜBUNG: Herzchakra – für Herzöffnung und Harmonie

Die Herzchakra Übung „Brustkorbdehnung" intensivierst du mit den ätherischen Ölen Rose, Douglastanne, Champaca (Magnolienblüte) oder Davana. Trage dir ein ätherisches Öl deiner Wahl oder meinen Herzchakra-Roll-On direkt auf das Herzchakra, in der Mitte des Brustkorbs, auf. Die „Brustkorbdehnung" dehnt den Brustkorb auf und aktiviert und öffnet somit das Herzchakra.

Übungsanleitung: Nimm eine aufrechte Stehposition ein und stelle deine Füße hüftbreit auf. Verschränke deine Finger hinter deinem Rücken und schiebe deine Schultern nach hinten. Nun ziehe deine Hände mit gestreckten Armen etwa 30 cm von deinem Gesäß weg und halte diese Position etwa 8 Atemzüge lang. Anschließend lockere die Position, nimm wahr, wie die Energie in deinen Körper zu strömen beginnt und spüre die Weite in deinem Brustkorb. Wiederhole die Übung ein weiteres Mal und spüre anschließend in entspannter Standposition nach.

5. ÜBUNG: Halschakra – für Ausdruck und Stimme
Die Halschakra Übung „Halsmuskeldehnung" unterstützt du mit den ätherischen Ölen Bergamotte, Grapefruit oder Cajeput. Trage dir ein ätherisches Öl deiner Wahl oder meinen Halschakra-Roll-On direkt auf das Halschakra in der kleinen Kuhle unterhalb des Kehlkopfes auf. Diese Übung dehnt die Halsmuskulatur und löst Blockaden des Halschakras.
Übungsanleitung: Stelle dich aufrecht hin und spanne Bauch und Po bewusst an, neige den Kopf sanft nach vorne und ziehe das Kinn zum Hals. Atme einmal ganz bewusst und tief ein und aus, lass dabei die Schultern locker. Bleibe fünf Atemzüge in der Position und pendle dabei das Kinn mit geneigtem Kopf leicht nach links und rechts, als würdest du sanft „Nein" sagen. Hebe den Kopf anschließend langsam wieder an und spüre der Wirkung dieser Übung nach.

6. ÜBUNG: Stirnchakra – für Gedankenkraft und Intuition
Die Stirnchakra-Übung „Hund" kannst du mit den ätherischen Ölen Muskatellersalbei, Eukalyptus citriodora oder Schafgarbe unterstützen. Trage dir ein ätherisches Öl deiner Wahl oder meinen Stirnchakra-Roll-On direkt auf das dritte Auge zwischen den Augenbrauen auf. Diese Übung ist eine Umkehrhaltung, die die Durchblutung des Kopfes fördert und die Beine und den Rücken dehnt. Der Fokus geht zum dritten Auge, wo die Intuition gestärkt wird.
Übungsanleitung: Der Ausgangspunkt dieser Übung ist der Vierfüßlerstand. Dazu stützt du deinen Oberkörper auf die Hände und die Knie, deine Unterschenkel und Füße liegen auf der Matte. Spreize deine Finger, damit du mehr Kraft und Stabilität in den Händen hast. Stelle deine Zehen auf und hebe deinen Po an. Führe deinen Kopf zwischen die Arme und

strecke deinen Po nach oben. Halte die Position fünf Atemzüge lang, während du abwechselnd mit der linken und rechten Ferse auf die Matte kommst. Anschließend komme zurück in den Vierfüßlerstand und spüre nach, wie sich die Energie in deinem Körper und insbesondere in deinem Kopf verändert hat. Du kannst auch noch lilafarbenes Licht hinter deiner Stirn visualisieren.

7. ÜBUNG: Kronenchakra – für Lebenssinn und Spiritualität

Das Kronenchakra kannst du in der Übung „Kobra" mit den ätherischen Ölen Veilchen, Kampfer oder Weihrauch unterstützen. Trage dir ein ätherisches Öl deiner Wahl oder meinen Kronenchakra-Roll-On direkt auf den höchsten Punkt auf dem Scheitel deines Kopfes auf.

Die Übung „Kobra" erhebt das Kronenchakra zum Himmel und fördert den aufsteigenden Energiefluss über die Wirbelsäule.

Übungsanleitung: Lege dich in die Bauchlage und berühre mit Stirn und Nase deine Matte. Deine Hände befinden sich links und rechts neben deinem Kopf in Höhe deines Scheitels. Unterarme und Ellenbogen liegen nah am Körper, deine Beine liegen nah beieinander und deine Füße sind gestreckt. Aus dieser Lage heraus ziehst du die Schultern nach hinten und hebst nacheinander Schultern, Kopf und Brust an. Stütze dich auf die Unterarme und strecke dein Brustbein nach vorne. Richte deinen Scheitel zur Decke aus und halte diese Postion für fünf tiefe Atemzüge. Führe anschließend deine Brust und den Kopf wieder zur Matte zurück und ruhe dich zwei Atemzüge lang aus. Dann wiederhole die Übung und spüre anschließend in dein Kronenchakra und nimm die Veränderung wahr.

KREIERE DIR DEINEN INDIVIDUELLEN SEELENDUFT

Bereits im 18. Jahrhundert nutzte man die Kraft, die in den ätherischen Ölen steckt, für Naturparfüms, um Stimmungen positiv zu verändern. Johann Maria Farina schrieb über den von ihm kreierten Duft »Farinas Wunderwasser«: »Ich habe einen Duft gefunden, der mich an einen italienischen Frühlingsmorgen erinnert – an Bergnarzissen, Orangenblüten kurz nach dem Regen. Er erfrischt mich, stärkt meine Sinne und Phantasie.«

Ein ganz auf dich und deine Persönlichkeit abgestimmtes individuelles Naturparfüm kann sogar noch mehr, als Stimmungen positiv zu verändern. Er kann dir ein wertvoller Begleiter auf der Reise zu dir selbst sein. Ich nenne diese individuellen Naturparfüms auch Seelendüfte, da sie so tief gehen, dass sie die Seele berühren. Sie kommen erst ganz leichtfüßig daher und ehe man sich versieht, wirken sie schon und verändern dich und deinen Blick auf die Welt. Manchmal holen sie noch ungelöste Entwicklungsthemen an die Oberfläche. Und immer bringen sie auch die nötigen Ressourcen mit, damit du dann gut durch die Prozesse gehen und sie lösen kannst.

Erstelle deine Duftvision

Für die Herstellung deines Seelenduftes ist eine gute Vorbereitung wichtig. Als Erstes erstellen wir die Vision deines Duftes. Stelle dir dazu die folgenden drei Fragen und notiere dir die Antworten, die intuitiv kommen:

1. **Wobei darf dein Seelenduft dich unterstützen?**
   Beispiel: Meinen Herzensweg zu finden.
2. **Welche Ressourcen braucht es dafür?**
   Beispiel: Mut, Selbstbewusstsein, Klarheit
3. **Wie soll der Duftcharakter meines Parfüms sein?**
   Beispiel: holzig, erdig, frisch, krautig, leicht-blumig

Möchtest du dir selbst dein individuelles Parfüm kreieren, ist es wichtig, einen Blick hinter die Kulissen eines Parfümeurs zu erhaschen. Das A und O bei seiner Arbeit sind die Duftebenen. Jedes Parfüm ist auf mindestens drei Duftebenen aufgebaut – die **Kopfnote**, die **Herznote** und die **Basisnote**.

Die Kopfnote kommt rasch mit frischen, hellen Düften angeweht und macht uns neugierig auf das Parfüm. Sie entwickelt sich in den ersten 10 Minuten und ist nach 20 Minuten kaum noch wahrnehmbar. Typische ätherische Öle der Kopfnote sind Lemongras, Zitrone, Orange oder auch Pfefferminze. Sie bringen die Leichtigkeit und Frische in ein Parfüm.

Die Herznote entfaltet sich als Nächstes. In ihr sind die meisten Blütendüfte wie die Rose, Rosengeranie, Magnolienblüte, Ylang-Ylang zu Hause. Die Düfte der Herznote stimmen uns sinnlich, bringen uns in die Mitte und öffnen das Herz für die Liebe. Sie wirken stark auf unsere Gefühle. Die Herznote bleibt bis zu vier Stunden erhalten.

Die Basisnote gibt dem Parfüm den Halt. In ihr sind die erdigen und balsamischen Düfte wie Narde, Vetiver, Angelikawurzel, Tonkabohne enthalten. Die Düfte der Basisnote geben dem Parfüm einen sinnlich warmen Charakter und vermitteln Halt, Geborgenheit und Erdung. Die Basisnote verklingt nach bis zu acht Stunden.

Zusätzlich zu den drei Duftebenen gibt es noch zwei weitere, die sogenannten Zwitter. Düfte dieser Kategorie können in zwei Duftebenen gleichermaßen eingesetzt werden. So kann beispielsweise das ätherische Kiefernöl sowohl in der Kopf-, als auch in der Herznote, eingesetzt werden. Der Muskatellersalbei ist gleichermaßen eine gute Herznote, wie auch eine gute Basisnote. Mit den »Zwitterdüften« kann man Übergänge zwischen den drei Hauptebenen schaffen und somit eine Duftmischung weiter abrunden.

»Düfte sind die Gefühle der Blumen.«

Heinrich Heine

ÖL-PARFÜM IM PRAKTISCHEN ROLL-ON FÜR UNTERWEGS

Deinen individuellen Seelenduft herzustellen, verlangt viel Gefühl und ein bisschen »handwerkliches« Geschick. Es gilt, der eigenen Nase und gleichzeitig gewissen Prinzipien und Berechnungen zu folgen.
Nachdem du deine Duftvision aufgeschrieben hast, wähle jetzt für jede Duftebene 2 bis 3 ätherische Öle aus. Für die Kopfnote kannst du aus dem reichen Fundus der Zitrusdüfte schöpfen: Mandarine, Zitrone, Orange sind zum Beispiel leicht-fröhlich-fruchtige Öle. Die Herznote kann beispielsweise ätherische Öle von bulgarischer Rose, Rosengeranie, Jasmin oder Tuberose enthalten. Atlas-Zeder, Vetiver, Benzoe ergeben eine warm-sinnliche Basisnote.

Im praktischen Roll-On passt dein Öl-Parfüm in jede Handtasche.

Ein gutes Mischungsverhältnis ätherischer Öle mit einer frischen-leichten Note wäre die »1-2-3-Mischung«: Für eine Gesamtmenge von 24 Tropfen wären das bei 1 Teil Basisnote (4 Tropfen) 2 Teile Herznote (8 Tropfen) und 3 Teile Kopfnote (12 Tropfen).

Nachdem du die ätherischen Öle für deine Duftebenen ausgesucht hast, kannst du die Tropfen auf deine Düfte aufteilen. Schreib dir am besten alles in ein kleines Duftbuch. So kannst du deinen Duft auch später noch nachproduzieren.

Beispiel:
- **Basisnote:** 2 Tr Atlas-Zeder + 2 Tr Vetiver (Insgesamt 4 Tropfen Basisnote)
- **Herznote:** 4 Tr Rose bulgarisch + 4 Tr Jasmin (Insgesamt 8 Tropfen Herznote)
- **Kopfnote:** 6 Tr Mandarine + 6 Tr Zitrone (Insgesamt 12 Tropfen Kopfnote)

Möchtest du deine ätherischen Öle nach den Ressourcen auswählen, die es für deine Duftvision braucht, so kannst du in den Klappen dieses Buches nach ausgewählten seelischen Themen und den zugeordneten Düften schauen und diese in dein Rezept einfügen.

Für die Herstellung deines Duftes als Öl-Parfüm im praktischen 10-ml-Roll-On brauchst du:
- einen leeren Glas-Roll-On
- ca. 9 ml gutes fettes Öl, zum Beispiel Jojoba, Mandelöl oder Aprikosenkernöl.

Tropfe die ätherischen Öle in deinen leeren Roll-On und fülle ihn mit dem guten fetten Öl auf. Fertig ist dein individuelles Parfüm! So einfach geht das.

> »Wähle einen Beruf, den du liebst und du brauchst keinen Tag in deinem Leben mehr zu arbeiten.«
>
> Konfuzius

Parfümrezept
Roll-On »Herzensweg«

Kopfnote: 10 Tr Grapefruit, 2 Tr Petit grain
Herznote: 2 Tr Davana, 6 Tr Rose bulgarisch
Basisnote: 2 Tr Patchouli, 4 Tr Angelikawurzel

Mische alle Öle (ca. 1 ml) mit 9 ml Jojoba und fülle die Mischung in einen 10-ml-Glas-Roll-On – fertig!

- **Angelikawurzel:** Bekräftigt dich, deinen eigenen Weg zu gehen, anstatt den ausgetretenen Pfaden anderer zu folgen.

- **Davana:** Aktiviert deine Herzensweisheit und schenkt dir den Mut, notwendige Veränderungen in deinem Leben durchzuziehen.

- **Grapefruit:** Verhilft dir zu Klarheit, wenn dein Herzensweg noch nicht sichtbar ist.

- **Patchouli:** Unterstützt dich dabei, dich von Konventionen zu lösen und deinem eigenen Weg zu folgen.

- **Petitgrain:** Gibt dir Zuversicht für große Visionen und Mut, diese in die Tat umzusetzen.

- **Rose:** Hilft dir dabei, dich für die Menschen zu öffnen, die dich auf deinem Herzensweg unterstützen können.

EIN GEMÜTLICHES ZUHAUSE SCHAFFEN

Ein Zuhause sollte ein Ort des Rückzugs und der Geborgenheit sein – dein Raum, wo du dich entspannen, auftanken und ganz zu dir kommen kannst. Wenn dein Zuhause das noch nicht ganz erfüllt, kannst du mit ein paar einfachen Tricks und bestimmten ätherischen Ölen Hand anlegen und dein Zuhause zu deinem ganz besonderen Wohlfühlort gestalten.
Ich (Diana) lege ganz großen Wert auf ein gemütliches und energetisch kraftvolles Zuhause. Ich hatte lange die Vorstellung, dass ich als digitale Nomadin unterwegs sein möchte und nur ab und zu mal wieder Halt zu Hause machen möchte. Als ich dann einige Monate in Asien unterwegs war und als digitale Nomadin gelebt habe, ist mir bewusst geworden, dass das nicht mein Lebenskonzept ist. Mir ist klar geworden, dass mein Zuhause mein sicherer Hafen ist, von dem aus ich immer wieder in die Welt hinaus reisen möchte, um dann aber wieder zurück zu meiner Basis zu kommen.

Ein kraftvolles Zuhause hat genau die Ordnung im Außen, die es im Innen für dich braucht. Wenn du viele Dinge hast, die du eigentlich gar nicht mehr verwendest, dann verlierst du unweigerlich auch im Innen das Gefühl für das, was du in deinem Leben brauchst und was eben nicht mehr. Dinge loszulassen und sich nur mit dem zu umgeben, was einem wirklich in der aktuellen Lebensphase dienlich ist, ist der allererste Schritt zu einem Zuhause, das einem voll und ganz entspricht. Ich möchte dich einladen, deine Dinge – seien es deine Klamotten, deine Bücher, deine Unterhaltungsgegenstände – auf Herz und Nieren zu überprüfen und auszusortieren, wenn du merkst, dass du den Gegenstand nicht mehr benötigst. Du wirst sehen, dass du in deinem Leben mehr Fokus und Klarheit bekommst. Gleichzeitig schaffst du Raum für Neues, noch viel Passenderes.

Ein weiterer Schritt ist das Ankern von guten Gefühlen auf den verschiedenen Orten deiner Wohnung oder deines Hauses. Unsere Couch zum Beispiel ist eine Oase der Entspannung. Sobald ich mich dort hinkuschele, bin

> Gestalte dir dein Zuhause ganz nach deinen Vorstellungen.

ich tiefenentspannt. Mit jeder entspannten Stunde, die ich auf der Couch verbringe, fließt noch mehr Entspannungsenergie in sie hinein. Ich habe für mich bestimmt: Auf der Couch wird nicht gearbeitet. Dafür ist mein Schreibtisch im Büro oder mein Duftlabor der geeignetere Ort. Dort fließen dann Kreativität, Fokus und Produktivität rein. Indem ich die verschiedenen Orte in ihrer speziellen Energie rein halte, können sie sich wieder und wieder mit den Energien aufladen, die für ihren Sinn und Zweck zielführend sind. Wie du mit Düften die Energien der verschiedenen Orte deines Zuhauses prägen kannst, zeige ich dir auf den nächsten Seiten.

MIT DÜFTEN VERSCHIEDENE STIMMUNGEN SCHAFFEN

Mit den passenden Düften kannst du ganz leicht die Stimmung in deinem Zuhause verändern. Eine ganz großartige Methode ist das Kalt-Diffusen ätherischer Öle.
Dazu brauchst du einen Ultraschall-Diffuser, der die ätherischen Öle in der Raumluft vernebelt. Die Duftmoleküle nimmst du über die Atemluft ein. Die Raumenergie verändert sich in wenigen Minuten und auch du wirst sehr schnell merken, wie sich deine Stimmung verändert.

In der Luft, die wir einatmen, gibt es verschiedene Moleküle (Ionen). Diese Ionen sind Träger elektrischer Ladung. Unsere Atemluft, die wir in der Stadt einatmen, ist überwiegend positiv geladen und die Luft in der Natur über-

Hol dir mit den passenden Düften Gemütlichkeit in dein Zuhause.

Rezepte für deinen Diffuser

Mit den folgenden Diffusermischungen kannst du in deinem Zuhause jedem Raum eine bestimmte Stimmung schenken:

**Geborgenheit
fürs Wohnzimmer:**
- Orange 3 Tr
- Mandarine 2 Tr
- Bourbongeranie 3 Tr
- Benzoe 1 Tr
- Tonkabohne 1 Tr

**Tiefer Schlaf
im Schlafzimmer:**
- Eukalyptus 2 Tr
- Wacholderbeere 2 Tr
- Lavendel 3 Tr
- Atlas-Zeder 1 Tr
- Vetiver 1 Tr

**Kreativität
fürs Büro:**
- Limette 2 Tr
- Zitrone 2 Tr
- Muskatellersalbei 2 Tr
- Ylang-Ylang 1 Tr
- Weihrauch 1 Tr
- Ho-Holz 1 Tr

**Entspannung
für die Couch:**
- Bergamotte 2 Tr
- Grapefruit 2 Tr
- Weißtanne 1 Tr
- Zirbelkiefer 2 Tr
- Atlas-Zeder 2 Tr

wiegend negativ. Die negative Ladung führt zu Entspannung und tut Körper und Seele gut, während die positive Ladung aufputscht und eher unrund macht.

Wenn du ätherische Öle diffust, dann führst du deiner Atemluft ganz viel negativ geladene Ionen zu, was sich wiederum positiv auf deinen Körper und deine Seele auswirkt. Zusätzlich kannst du gezielt deine Stimmung positiv beeinflussen und dein Wohnklima verbessern.

WAS DIE NATUR
FÜR DICH TUN KANN

Wer fährt nicht gerne mal in den Urlaub oder nimmt sich eine Auszeit irgendwo an einem wunderbaren Fleckchen Erde? Wir suchen uns die schönsten und kraftvollsten Plätze aus, um wieder aufzutanken, in unsere Kraft zu finden, zu entspannen, dem Alltag zu entfliehen. Wir fahren dazu in die Berge, ans Meer, machen Wanderungen durch Nationalparks oder Camping am See. Ich habe noch nie jemand gesehen, der es sich mit seinem Liegstuhl an den nächsten Autobahnverteilerknoten bequem macht, um mithilfe von dröhnenden Motoren und stinkenden Abgasen zu sich und in seine Mitte zu finden versucht.

Die Natur bietet unzählige Möglichkeiten, mit natürlichen Kraftfeldern in Berührung zu kommen, die in Verbindung mit dem richtigen Coaching-Setting eine nachhaltige Veränderung bewirken können. Dieses Setting muss nicht zwangsläufig immer aus Coach und Klient bestehen. Wenn du den Mut hast, dich deinen aufkommenden Themen zu stellen, sie ganz da sein zu lassen und dich bereitwillig für die Kraft der Natur öffnest, vermagst du so manches Wunder für dich zu erleben. Dann reicht schon ein ganz bewusster Waldspaziergang, wo du den Geist und die Kraft der Bäume auf dich einwirken lässt.

> »Indem du dich bewusst mit dem Geist der Bäume verbindest, verbindest du dich mit der Kraft, die aller Schöpfung zugrunde liegt.«
>
> Alfred Zenz

In der Natur kannst du Kraft tanken und die Seele entspannen.

Im folgenden Beispiel möchte ich so eine Verwandlung aus eigener Erfahrung beschreiben. Der Wald, der hier mein Therapeut war, bestand aus wunderschönen, naturgewachsenen Rotbuchen. Als ich einmal mit meiner Frau Diana an den Plivitice-Seen in Kroatien Urlaub machte, überkam mich ein Anflug der Depression, wie ich sie damals öfter hatte. Dabei waren wir in einem wunderschönen Nationalpark mit atemberaubender Landschaft, türkisblauen Seen und unzähligen Wasserfällen. Um meine Umgebung nicht allzu sehr mit meiner schlechten Stimmung zu belasten, beschloss ich eine längere Wanderung durch die umliegenden Wälder zu unternehmen. Schnellen Schrittes stapfte ich querfeldein, frustriert, grantig, mich selbst hassend. Doch der Buchenwald um mich herum war so schön, dass ich automatisch langsamer wurde. Es machte immer weniger Sinn diesen »Selbstbestrafungs-Weg« abzulaufen. Bald wollte ich gar nicht mehr weitergehen, sondern einfach nur noch den Wald genießen. Ich begann, Fotos von den Bäumen zu machen, und die blühenden Wildkräuter zu meinen Füßen fesselten meine

Aufmerksamkeit. Und plötzlich merkte ich, dass mein Seelenschmerz wie weggefegt war. Ich fühlte mich außergewöhnlich wach und erfrischt, hörte die Vögel im Wald und das Rauschen eines Flusses in der Ferne. Warum hatte ich all das vorher nicht wahrgenommen? Erleichtert atmete ich auf und setzte mich zu dem Stamm einer alten Rotbuche. Ich wurde ruhig und still. Und als ich meine Augen etwas öffnete, sah ich auf einmal zwei große Buchenstämme, die so miteinander verwachsen waren, dass es aussah, als würden sie sich küssen. Ich musste an meine Frau denken, und ein Gefühl der Liebe begann sich in mir auszubreiten. Mir kullerten ein paar Tränen über die Wangen, die wie Regentropfen auf meine Jacke fielen. In diesem Moment löste sich etwas in mir auf. Es war, als ob die Buche mir dabei half, mich zu »klären« und zu reinigen. Ich fühlte ich mich wunderbar präsent, spürte, wie meine Aura klar wurde und ich wieder tief durchatmen konnte. Neuen Lebensmut schöpfend, befragte ich die Buche zu meinem Problem und ob sie mir helfen könne, diesen wiederkehrenden Seelenschmerzen zu entkommen. Ihre Antwort war: »Was für ein Problem?« Und tatsächlich war da nichts, außer Vogelgezwitscher und dem Rauschen des Baches. Die Rotbuche holte mich so sehr in die Gegenwart, dass die negativen Gefühle keine Chance mehr hatten. Selten konnte ich die Wirkung eines Baumes, in diesem Fall eines ganzen Waldes, derart intensiv erfahren. Für mich symbolisierte die Rotbuche ab diesem Moment vor allem eins: Die Kraft der Gegenwart.

Diese und ähnliche Wirkungen mag jeder naturgewachsene Wald auf seine Art und Weise auf dich haben. Wenn du mit dieser Art von Gesinnung einen Wald betrittst, wird kein Waldspaziergang nur mehr ein »Spaziergang« im herkömmlichen Sinne sein. Sondern du wirst danach immer anders aus dem Wald kommen, als du vorher hineingegangen bist – leichter, kraftvoller, heller, energetischer, lebensfroher. Probiere es einfach aus!

> »Jedes Lebewesen ist ein Bindeglied zwischen mir und der Gesamtheit allen Lebens zu allen Zeiten.«
>
> Bernd Heinrich

FINDE DEINEN KRAFTPLATZ IN DER NATUR

Ein eigener Kraftplatz in der Natur ist deine eigene Krafttankstelle, die du jederzeit aufsuchen kannst. Du kannst dort wieder in deinen natürlichen Rhythmus kommen und dich als einen lebendigen Teil der Natur erfahren.
Dieser Ort sollte eine Art Platz sein, wo du gut für dich und bei dir selbst sein kannst. Also ein Platz, der dich darin unterstützt, bestmöglich in das natürliche Feld einzutauchen und in Verbindung damit zu gehen. Optimal ist ein geschützter Platz in einem Wald, wo du von einer gewissen Wildnis umgeben bist. Wenn dies aber nicht möglich ist (weil z.B. zu weit weg), geht genauso gut auch ein Park oder der eigene Garten, dein Balkon oder deine Terrasse. Die Voraussetzung, dich auf den Platz einzulassen, ist wichtiger als der Grad der Wildnis, die dort herrscht.
Wichtig ist, dass du regelmäßig zu deinem Kraftplatz hingehst. Das kann täglich sein oder auch 2–3 Mal pro Woche. Zumindest solltest du deinen Platz aber 1 Mal pro Woche aufsuchen, damit das gewünschte Erleben möglich ist.

Er sollte so nah wie möglich an deinem Wohnort sein, damit du ihn zu Fuß möglichst leicht und bequem erreichen kannst. Alles, was zu weit weg oder zu kompliziert zu erreichen ist, verhindert, dass du ihn regelmäßig in der von dir gewünschten Häufigkeit aufsuchst.
Denke nicht zu sehr darüber nach, sondern gehe einfach los und folge deiner Intuition. Du wirst wissen, wann du beim richtigen Platz angekommen bist. Wichtig ist, dass er sich kraftvoll anfühlt. Das muss nicht immer ein Wohlfühlplatz sein, sondern er kann auch herausfordern. Schau einfach, was dran ist – du oder zumindest etwas in dir weiß, was gerade dran ist für dich. Letztendlich findet der Platz dich.

Eine Bitte habe ich noch: Lass den Platz wirklich unberührt! Richte nur das her, was du brauchst, um dort gut für eine Zeit lang sitzen zu können. Erschaffe keinen Altar, keine Feuerstelle. Führe kein Ritual aus oder sonst irgendeine Art von energetischer Manipulation. Lass den Platz so sein, wie er ist!

Transformation mit dem Holunder

Die Natur bietet unzählige Möglichkeiten, mit Kraftfeldern in Berührung zu kommen, die in Verbindung mit dem richtigen Coaching-Setting eine nachhaltige Veränderung bewirken können.
Im folgenden Fallbeispiel war es ein alter Holunder, der einem Teilnehmer eines Natur-Retreats dabei half, sich von alten Lasten zu befreien. Ralf befand sich gerade inmitten eines schmerzvollen Trennungsprozesses, der ihn regelrecht lähmte. Er war so blockiert, dass er nicht einmal mehr seiner Arbeit nachkommen konnte, fühlte sich gefangen in seinen Emotionen. Seine größte Sehnsucht war, frei zu sein.
Sein Baumverbündeter war der Holunder, der sich ihm als alter, knorriger Strauch in der Nähe des Seminargebäudes offenbarte. Der Holunder ist ein guter Begleiter, wenn es darum geht, Altes loszulassen, um Neues im Leben willkommen zu heißen. Er ist eine Art „Transformator" und begleitet wie kaum ein anderer Baum durch psychologische Sterbeprozesse. So einen Sterbeprozess durfte ich bei Ralf dann miterleben.
Sein Erlebnis schilderte er wie folgt: *„Ich fiel auf die Knie und mir wurde schlecht. Plötzlich kamen da so viel Wut, Enttäuschung, Verzweiflung und Traurigkeit hoch und entlud sich in einem einzigen heftigen Schrei. Es war, wie wenn meine alte Haut von mir abfiel, ich zerfalle, zur Erde werde, sterbe. Und irgendwann lag ich da unter dem Holunder und es war einfach nur mehr Leere da. Und dann begann mich plötzlich eine erneuernde, erfrischende Kraft zu durchströmen, ließ mich wieder aufstehen und wachsen, wie ein Keimling, der sich da aus der Erde schiebt. Es kribbelte in meinem ganzen Körper, so als ob mich diese kleinen Erdkobolde neu zusammensetzten und formten. Wie unter einem Wasserfall wurde ich gereinigt und geklärt. Ich fühlte mich erstmals seit Jahren wieder so richtig lebendig und klar."*
Ralf wirkte nach dieser Begegnung mit dem Holunder völlig verwandelt. Zwei Wochen nach dem Retreat schrieb er, dass er das erste Mal nach Jahren wieder durchschlafen kann. Er fühle sich regelrecht befreit von einer Last, die ihn lange blockiert hatte, frei, wieder das Leben in Freude zu leben.

Der Holunder hilft,
Altes loszulassen und Neues
willkommen zu heißen.

DANK

Diana:

Ein ganz großes Dankeschön möchte ich **meinem Mann Alfred** widmen. Ich bin zutiefst dankbar, dass wir unserer beider Herzensthemen in diesem Buch vereinen. Alfreds Liebe zur Natur und zu den Pflanzen hat mich vor vielen Jahren in eine Welt gelockt, die ein wertvoller Teil meines Lebens geworden ist. Durch Alfred habe ich meinen medialen und sensitiven Zugang zu den Duftwesen vertiefen und als wichtigen Bestandteil in meine Arbeit integrieren können. Bei der Entwicklung neuer Duftrezepte und dem Erspüren der seelischen Wirkung der Pflanzendüfte war mir Alfred ein wichtiger Sparringspartner. Als Lebenspartner steht er mir schon viele Jahre zur Seite und ist mir ein wichtiger Begleiter auf meiner spannenden Lebensreise. Danke Alfred, dass wir gemeinsam in Liebe wachsen und so füreinander da sind.

Den Pflanzen und ihren Duftwesen möchte ich meine größte Achtung und Wertschätzung widmen. Durch ihre Großzügigkeit im Vermitteln ihrer Weisheit und Botschaften an uns Menschen können sie uns so wunderbare Weggefährten bei persönlichen Entwicklungsprozessen sein. Durch die Pflanzendüfte durfte ich mich in meinem tiefsten Wesen kennenlernen. Sie haben mich durch so manche herausfordernde Zeit in meinem Leben begleitet und mir Schutz, Halt und Geborgenheit geschenkt.

Alfred:

Mein Dank gilt bei diesem Buch vor allem **meiner Frau Diana,** die mich dazu bewogen hat, an diesem Buch mitzuwirken. Durch Diana durfte ich erfahren, welche unglaubliche Kraft und Wirkessenz in den ätherischen Ölen der Pflanzen, ihren Düften, enthalten ist. Seitdem sie ihre ersten Themendüfte in die Welt gebracht hat, sind diese ein unverzichtbarer Bestandteil all meiner Naturseminare, Ausbildungen und Retreats und bilden zusammen mit den Pflanzenwesen sowie weiterer Kreativtechniken die wichtigste Basis, um Menschen gut durch persönliche Prozesse zu geleiten. Als Lebenspartnerin zeigte sie mir, was es heißt, der Freude zu folgen und meiner Berufung gemäß wirksam zu sein. Ich durfte an ihrer Seite zum Seelengärtner heran-

Dank

wachsen. Danke für die Liebe und Verbundenheit, die mir den Halt, das Vertrauen und die Sicherheit geben, Unmögliches möglich werden zu lassen.

Und ich möchte auch einen **ganz großen Dank an Mutter Natur,** den Großen Geist der Schöpfung aussprechen. Ein Dank an all die Pflanzen, Tiere, stofflichen und nichtstofflichen Wesen und Energien, die ununterbrochen und ständig durch mich, durch uns alle wirken und dabei helfen, dass wir unsere Aufgabe in größtmöglicher Sorgfalt und Hingabe erfüllen können.
Ohne die Berührung mit der wilden Natur, ohne das Gespräch mit den Bäumen im Wald, den Blumen im Garten und ohne das Zusammenspiel mit der Welt der Natur- und Elementargeister könnte ich nichts erschaffen, was von Schönheit und Liebe durchdrungen wäre.

LITERATURVERZEICHNIS

Arvay, Clemens G.: Der Biophilia Effekt. Heilung aus dem Wald.
Wien: edition a 2015

Badwal, Wanda: Chakra-Yoga.
München: Knaur Balance 2021

Bräutigam, Brigitte: Natürliches Parfüm selbst gemacht.
Anaconda, 2015

Carrasco, Birgit Feliz: Chakra Yoga.
Hamburg: Nikol 2019

Dittmar, Vivian: Gefühle und Emotionen.
München: Edition est 2018

Foster, Steven; Little, Meredith: Die Vier Schilde. Initiationen durch die Jahreszeiten der menschlichen Natur.
Uhlstädt-Kirchhasel: ARUN Verlag 2017

Hageneder, Fred: Der Geist der Bäume. Eine ganzheitliche Sicht ihres unerkannten Wesens.
Saarbrücken: Neue Erde 2014

Möck, Dennis; Hanika, Corinna: Holistische Aromatherapie für die Seele.
Schirner Verlag, 2021

Opitz-Kreher, Karin; Amecke, Michelle: Der Duft-Coach.
Darmstadt: Schirner Verlag 2021

Pogacnik, Marko: Elementarwesen. Die Gefühlsebene der Erde.
München: Knaur Verlag 2000

Storl, Wolf-Dieter: Pflanzen der Kelten. Heilkunde, Pflanzenzauber, Baumkalender.
Aarau: AT Verlag 2005

Zenz, Alfred: Vater Eiche, Mutter Linde.
München: Scorpio Verlag 2019

Zenz, Diana: Aromatherapie für die Seele.
Stuttgart: Nymphenburger 2020

WEITERFÜHRENDE QUELLEN

Aromatherapie für die Seele:

https://seelenduft.at/das-wunderwerk-nase/

https://seelenduft.at/chakrenduefte-energiezentren-aktivieren/

https://seelenduft.at/sprudelnde-lebensfreude-erwecken/

https://www.satureja.com/

https://www.christinelamontain.de/blog/

NaturCoaching:

https://seelengaertner.at/ohne-baeume-keine-menschen-teil-1-warum-waelder-existienziell-fuer-das-ueberleben-von-uns-menschen-sind/

https://seelengaertner.at/berufung-naturcoach-fuer-die-entstehung-ein-neuen-naturbewusstseins/

Lebenssinn finden:

https://www.trainingsdiebewegen.com/ikigai-wofuer-es-sich-zu-leben-lohnt/

https://ideenhelden.com/sweet-spot/

Gefühle:

https://www.couplecare.de/artikel/gefuehle-fuehlen-lernen

Glück:

https://mymonk.de/warum-gluecksemotionen-wichtig-sind-und-was-wirklich-gluecklich-macht-gluecksforschung-teil-1/

Selbstmassage:

https://www.rituals.com/de-de/mag-body-healing-self-massage.html

https://raum-fuer-bewusstsein.de/rebalancing-selbstmassage-10-gruende-warum-sie-so-wirkungsvoll-ist/

BEZUGSQUELLEN

Nachfolgend findest du eine Übersicht über mögliche Bezugsquellen für die Zutaten, die du zur Herstellung deiner Seelendüfte benötigst. Ich liste hier die Anbieter auf, mit denen ich gute Erfahrungen gemacht habe und von deren Qualität ich überzeugt bin.

www.behawe.com, Deutschland
(Ätherische Öle, Basisöle, Emulgatoren)

www.feeling.at*, Österreich
(Ätherische Öle, Hydrolate, Sprühflaschen)

www.kraeuterundgeist.at, Österreich
(Ätherische Öle, Basisöle, Emulgatoren, Bio-Weingeist, Pipetten, Tiegel, Roll-Ons, Spühflaschen)

www.mynaowa.de, Deutschland
(Ätherische Öle, Basisöle, Bechergläser, Braunglasflaschen, Glasrührstäbe, Tiegel, Pipetten)

www.naturgartl.com, Österreich
(Ätherische Öle, Basisöle, Hydrolate, Blauglasflaschen, Pipetten, Roll-Ons, Zerstäuber)

www.oshadhi.de, Deutschland
(Ätherische Öle, Hydrolate, Zerstäuber)

www.rosa-heinz.de, Deutschland
(Blauglasflaschen, Roll-Ons, Tiegel, Sprühflaschen, Flakons

---

* Wenn du mich, Diana Zenz, bei deiner Registrierung bei feeling als deine Beraterin (Beraternummer 105713) angibst, stehe ich dir gerne für Fragen zu den Produkten von feeling und allgemein zur Verwendung von ätherischen Ölen zur Verfügung.

BILDNACHWEIS

Mit 52 Farbfotos und 1 Farbillustration von Shutterstock und einem Farbfoto von Heimo Slamanig (S. 137).

IMPRESSUM

Umschlaggestaltung von Gramisci Editorial Design, München/Claudia Geffert unter Verwendung einer Farbillustration von Crystal Perez (Cover), 4 Farbfotos von Shutterstock, 2 Farbfotos von Heimo Slamanig (Autorin und Autor) und 6 Farbillustrationen von iStock.

Alle Angaben in diesem Buch erfolgen nach bestem Wissen und Gewissen. Sorgfalt bei der Umsetzung ist indes dennoch geboten. Der Verlag und der Autor übernehmen keinerlei Haftung für Personen-, Sach- oder Vermögensschäden, die aus der Anwendung der vorgestellten Materialien, Methoden oder Informationen entstehen könnten.

Unser gesamtes Programm finden Sie unter kosmos.de/nymphenburger

Gedruckt auf chlorfrei gebleichtem Papier

© 2023, nymphenburger in der
Franckh-Kosmos Verlags-GmbH & Co. KG,
Pfizerstraße 5–7, 70184 Stuttgart

Alle Rechte vorbehalten
ISBN: 978-3-96860-049-9

Projektleitung und Lektorat: Ramona Kapp
Gestaltungskonzept: Gramisci Editorial Design, München/Claudia Geffert
Gestaltung und Satz: Daniela Petrini, A-Reutte
Produktion: Angela List
Druck und Bindung: Print Consult GmbH, München
Printed in Slovakia / Imprimé en Slovaquie

Was ist das Besondere am Frausein?

Weibliche Energien wie Ruhe, Intuition und Sensibilität wurden im Lauf der Jahre mehr und mehr durch männliche Energien, wie Bewegung, Macht und Kraft in den Hintergrund gedrängt. Der Wunsch, eine erfüllte Frau zu sein und die weibliche Art zu leben, sowie das Interesse, dies ins Leben zu integrieren, kommen heute jedoch immer mehr zurück. Mit Anwendungen aus YinYoga, Aromatherapie und Meditation kann jede Frau ihre weibliche Energie entdecken und aktivieren.

Celia Schönstedt und Petra Schneiderz
LEBE DEINE WEIBLICHE ENERGIE
144 Seiten · ISBN 978-3-96860-057-4

kosmos.de/nymphenburger

Seelische Beschwerden lindern – die Persönlichkeit entfalten

Seelendüfte aus reinen ätherischen Ölen haben einen positiven Einfluss auf die Emotionen und das Wohlbefinden und sind wertvolle Begleiter und Beschützer in herausfordernden Lebenssituationen. Aus 20 Duftprofilen kann die Leserin oder der Leser unter Anleitung der Autorin die eigenen Seelendüfte erspüren und selbst herstellen. Die Anwendungen reichen von Lebenslust, Selbstvertrauen und Kreativität bis zu Trösterdüften für Liebeskummer, Überforderung oder Wut. Mit ihrer unmittelbaren Wirkung auf die Gefühlswelt geben sie Kraft, helfen zu mehr Erdung und schenken eine klare Sicht auf das Leben.

Diana Zenz
AROMATHERAPIE FÜR DIE SEELE
144 Seiten · ISBN 978-3-485-02987-2

kosmos.de/nymphenburger